AF388393

C. Helou Matar

AFFRONTER LA TERREUR ISLAMIQUE

avec les

PENSEURS LIBRES MUSULMANS

Édition: BoD - Books on Demand,
12/14 rond-point des Champs-Élysées, 75008 Paris, France
Impression : BoD - Books on Demand, Norderstedt, Allemagne
ISBN : 978-2-322-09274-1
Dépôt légal : Avril 2019

Introduction

À la fin du XXe siècle, qui a été ensanglanté par deux guerres mondiales, la chute du mur de Berlin et la fin de la guerre froide permettaient d'espérer l'avènement d'une ère nouvelle de fraternité humaine et de paix mondiale.

Mais le monde au XXIe siècle vit sous la menace d'une violence terroriste, omniprésente, qui manifeste quotidiennement, principalement en Asie et en Afrique, la puissance de son abominable malfaisance.

La mort d'Oussama ben Laden a privé « *al-Qaïda* » de son chef charismatique, mais l'État Islamique d'Abou Bakr al-Baghdadi a pris la relève de l'horreur avec ses persécutions et massacres.

Au Moyen-Orient, la coalition internationale mobilisant les principales armées européennes ainsi que l'Australie, le Canada, l'Arabie saoudite, la Jordanie, le Qatar, Bahreïn et les Émirats Arabes Unis, sous l'égide des États-Unis, n'a progressé dans sa lutte contre l'État Islamique que grâce à l'implication de la Russie qui en a profité pour s'installer durablement en Syrie.

Depuis le 11 septembre 2001, des innocents ont été tués en Irak, en Inde, en Afghanistan, en Turquie, au Burkina Faso, au Nigéria, aux Philippines, au Pakistan, en Indonésie, en Somalie, en Égypte, au Cameroun, en Somalie, en Syrie, au Tchad, au Mali, en Tunisie, au Yémen, en Belgique, au Congo-Kinshasa, en Israël, aux États-Unis, en France, au Bangladesh, en Allemagne, en Russie, en Thaïlande, en Libye et en Jordanie par des terroristes musulmans.

Le 22 mars 2019, la coalition internationale s'est félicitée de sa victoire totale contre l'État Islamique (ISIS). Mais, entre le 1er janvier 2019 et le 22 mars 2019 les islamistes de Boko Haram ont perpétré 40 attentats terroristes, dans le Nord–Est du Nigéria et dans les pays voisins, et les Shabab somaliens ont perpétré 35 attentats, dans la Corne de l'Afrique[1].

La lutte contre le terrorisme islamique requiert une coopération internationale. Les grands argentiers du G7, réunis au Japon en mai 2016, ont affirmé leur engagement dans la lutte contre le financement qui permet aux terroristes d'alimenter leurs réseaux, d'organiser des attaques et de diffuser leur idéologie.

---

[1] https://storymaps.esri.com/stories/terrorist-attacks/

Tous les responsables politiques sont contraints de se préoccuper de cette terreur omniprésente. Aux États-Unis, le président Donald Trump a fait scandale en associant le terrorisme à l'islam alors que le président Obama avait interdit d'évoquer ce lien. Donald Trump, qui a fait une entrée fracassante dans le monde politique américain, estime, comme Sun Tzu, que l'on ne peut combattre un ennemi sans bien le connaître et donc pouvoir le nommer.

La paisible Suisse n'est pas épargnée par la tourmente islamiste, et l'administration y a pris en 2015 des mesures pour lutter contre le terrorisme[2]. En août 2016, une cellule jihadiste a été démantelée en Suisse romande[3] et, le 2 novembre 2016, un imam de Winterthur, qui appelait ses fidèles à assassiner leurs coreligionnaires non pratiquants, a été arrêté.

En Helvétie, comme dans d'autres pays confrontés à la menace islamiste, la compatibilité de l'islam avec les racines et les valeurs chrétiennes fondatrices de l'identité nationale est désormais mise en doute[4].

Le vice-ministre de l'intérieur indien, Kiren Rijiju, a annoncé que son gouvernement avait adopté une série de mesures pour enrayer l'aggravation de la menace islamiste ; et des nationalistes indiens, en quête de renforts pour contrer ce terrorisme, ont organisé une prière collective en faveur de Donald Trump que Vishnu Gupta, fondateur du groupe « *HinduSena* », estime être le seul leader capable de sauver l'humanité du danger islamiste[5].

Au Bangladesh, où des professeurs, des intellectuels, et des citoyens ordinaires sont régulièrement assassinés par des musulmans fondamentalistes, l'exécution de Motiur Rahman Nizami, l'ancien chef du parti islamiste « *Bangladesh Jamaat-e-Islami* », ainsi que l'arrestation de plus de onze mille suspects en juin 2016, n'ont pas empêché de jeunes musulmans de massacrer 20 personnes au restaurant « *Holey Artisan Bakery* », le 1er juillet 2016.

Le ministre de l'intérieur, Asaduzzaman Khan, a indiqué que les assassins, qui avaient fait des études supérieures, étaient issus de familles aisées. Prouvant ainsi l'inanité des explications socio-économiques

---

[2] https://www.fedpol.admin.ch/dam/data/fedpol/aktuell/news/2015/2015-02-26/ber-f.pdf

[3] Le Matin Dimanche, 6 novembre 2016.

[4] Ibid.

[5] parismatch.com/Actu/International/Un-parti-extremiste-indien-prie-pour-la-victoire-de-Donald-Trump-966079

avancées pour justifier le terrorisme islamique et confirmant les renseignements de l'auteure bangladaise Taslima Nasreen, qui a dû fuir son pays et dont la tête a été mise à prix à cause de ses dénonciations de la misogynie et la violence inhérentes à l'islam.

En Égypte, le président Sissi a déclaré aux oulémas et imams d'Al Azhar qu'il était inconcevable que la pensée tenue pour sacrée par les musulmans puisse faire de l'entière communauté musulmane une source d'anxiété, de meurtre et de destruction partout dans le monde. Le président Sissi, contraint de sévir avec la plus grande inflexibilité contre les Frères Musulmans, prend le risque de subir le même sort qu'Anouar el-Sadate.

En Chine, après l'assassinat de l'enseignant Fan Jinghui, otage de l'État Islamique[6], la mort de trois Chinois dans un attentat terroriste au Mali[7] et des attentats dans la région du Xinjiang, le pouvoir a mis un terme à la multiplication des mosquées, des *madrassas*, des femmes voilées, et à l'enseignement de l'arabe et la généralisation de la nourriture *hallal* qui témoignent de l'emprise des islamistes parmi les Ouïghours. Le président chinois Xi Jinping, a déclaré que son pays allait renforcer sa coopération avec la communauté internationale en matière de sécurité en dehors des frontières chinoises.

Des islamistes, qui se mêlent aux innombrables réfugiés d'Asie et d'Afrique en quête d'une vie meilleure en Occident, persécutent les réfugiés chrétiens jusque dans leurs camps de fortune en Europe[8].

Après les attentats du 13 novembre 2015 à Paris, le premier ministre Manuel Valls a annoncé, le 9 mai 2016, que la France allait adopter 80 mesures anti *jihad*, avec un crédit supplémentaire de 3,8 milliards d'euros consacrés à la défense[9].

Les efforts consentis n'ont pas empêché les terroristes de frapper dès juin 2016, lorsque Larossi Abballah a égorgé une mère de famille devant son fils âgé de trois ans, après avoir assassiné le père de l'enfant, puis de frapper à nouveau en juillet lorsque Mohamed Lahouaiej-Bouhlel au volant

---

6 quebec.huffingtonpost.ca/2015/11/18/ei-execution-otages_n_8591370.html

7 rtl.fr/actu/international/mali-aqmi-terroriste-morts-attentats-7783468407

8 http://www.christianpost.com/news/743-christian-refugees-converts-attacked-muslims-german-camps-persecution-group-report-finds-170957/

9 europe1.fr/societe/quelles-sont-les-mesures-phares-du-plan-anti-radicalisation-de-valls-2740423

d'un camion a tué 86 personnes à Nice, et lorsque le père Jacques Hamel, qui célébrait la messe dans son église de Saint-Étienne-du-Rouvray, a été égorgé par Adel Kermiche et Abdel Malik Nabil.

La lutte contre le terrorisme islamique est handicapée par la confusion qui règne autour de son origine.

Les islamistes crient toujours *Allah Akbar* lors de leurs attaques. Les terroristes de Charlie Hebdo ont crié qu'ils avaient vengé Mahomet, ceux de la *Holey Artisan Bakery* ont épargné les otages qui pouvaient réciter un verset du Coran et ils ont torturé et assassiné les autres.

Bien que les terroristes musulmans revendiquent leur allégeance totale et inconditionnelle à Allah et à Mahomet, et ponctuent leurs discours de références coraniques, des commentateurs de tous bords et de nombreux musulmans montent toujours au créneau pour déclarer que les islamistes ne représentent pas le véritable islam.

Cependant, les différents gouvernements qui luttent contre le terrorisme cherchent toujours à cerner la radicalisation religieuse des jeunes musulmans, pour la contrer ; le lien entre terrorisme et islam paraît donc indéniable. La compréhension des racines de la violence qui accompagne la radicalisation islamique est indispensable pour pouvoir progresser, car la lutte des idées doit absolument prévaloir pour prévenir une contagion généralisée de la violence.

Les pays dont la population est majoritairement musulmane semblent condamnés à n'avoir le choix qu'entre des régimes militaires ou théocratiques islamiques, tous totalitaires et généralement très corrompus.

Il est évident que les islamistes ne représentent pas tous les musulmans, loin de là. La majorité des musulmans n'aspire effectivement qu'à mener une vie normale, tranquille, en respectant plus ou moins les obligations religieuses formelles traditionnelles de la religion dans laquelle ils sont nés, tout en vivant en bonne entente avec les non-musulmans de leur entourage.

Tariq Ramadan, dans son livre évoquant son grand-père, Hassan al Banna fondateur du mouvement salafiste des Frères Musulmans, a rappelé que ce dernier reprochait aux Égyptiens de ne rien savoir, ou presque, de leur religion et de la pratiquer par héritage ou simplement par conformisme.

Al Banna, qui se déclarait « réformateur », a œuvré à la prise de conscience des obligations religieuses incombant aux musulmans. Il a déploré que les musulmans en général ne connaissent même pas les principes élémentaires de l'islam et que les confréries soufies hérétiques se multiplient en Égypte à cause de cette ignorance[10]. Il a décrit les diverses formes d'ignorance manifestées par la majorité des musulmans dont certains limitent leur religion à la prière et à l'adoration, alors que d'autres la limitent au bon comportement et à la morale, tandis que d'autres encore n'y voient qu'une spiritualité ou encore un simple moyen d'équilibre psychique.

Al Banna a précisé que, contrairement à ce que s'imaginent bien des musulmans, « le véritable islam ne sépare pas le Coran de l'épée [11]» !

La violence que représente l'épée musulmane peut frapper aussi bien les musulmans que les non-musulmans ; et si de nombreux musulmans agnostiques ou athées se sentent parfaitement à l'aise dans les sociétés occidentales, respectueuses de leurs libertés, ils doivent dissimuler leurs convictions dans les sociétés à majorité musulmane où l'athée est un apostat qui mérite la mort.

Malgré ces menaces, un nombre croissant de musulmans ayant approfondi l'étude du Coran et de la vie de Mahomet n'hésitent pas à prendre tous les risques pour dénoncer la violence de l'islam et des islamistes, qui persécutent leurs coreligionnaires.

Les personnes qui confondent islam et musulmans, et qui ne voient qu'un conflit entre l'Occident et le monde musulman, encouragent la violence islamiste en la réduisant, par ignorance – ou par duplicité pour certains musulmans fondamentalistes – à un conflit de civilisations qui aurait été provoqué par l'impérialisme occidental ou par des conditions de vie socio-économiques défavorables.

Il est vrai que l'Occident a été victime de nombreux attentats : tels ceux du 13 novembre 2015 à Paris qui ont provoqué la mort de 130 personnes, du 7 juillet 2005 dans le métro de Londres qui ont provoqué la mort de 56 personnes et en ont blessé 700, ou du 11 mars 2014 à Madrid qui ont tué 191 personnes, pour n'en citer que quelques-uns.

Mais le plus grand nombre de victimes de la violence islamique n'appartient pas au monde occidental, les innombrables victimes des musulmans fondamentalistes appartiennent aux couches les plus défavorisées des pays où les musulmans fondamentalistes peuvent sans trop de difficultés imposer leur terreur, et ces pays ne sont pas en Occident.

---

[10] Tariq Ramadan, *Aux sources du renouveau musulman*, p.302.
[11] *Aux sources du renouveau musulman*, p. 245-247.

Il y a eu 1647 attaques terroristes dans le monde en 2016, 1547 en 2017 et 2146 en 2018, très majoritairement perpétrées par des terroristes musulmans. Les milliers de personnes assassinées par divers groupes islamistes en Afrique, les 172 jeunes chrétiens exécutés à l'université de Garissa au Kenya, les 72 morts - dont 29 enfants - de Lahore qui célébraient la fête de Pâques, les coptes égorgés en Libye ou assassinés dans leurs églises en Égypte, les jeunes filles kidnappées et les femmes égorgées par Boko Haram, les militants des droits de l'homme, les enseignants, les penseurs assassinés. dont plusieurs musulmans, ne sont pas occidentaux.

Nasrin Sotoudeh, Yasmin Aryani et Monireh Arabshahi persécutées par les islamistes iraniens, Raif Badawi persécuté par l'islam wahhabite, la Pakistanaise chrétienne, Asia Bibi, qui depuis 2009 risque d'être assassinée dans son pays, l'étudiant Mahal Khan lynché à Mardan pour blasphème, la jeune Farkhunda lynchée à Kaboul, les enfants battus à morts tels Samiul Alam Rajon et Rakib Hawlader, les blogueurs, tel Nazimuddin Samad, assassinés à coups de machette au Bangladesh pour leurs idées laïques, ne sont ni riches, ni occidentaux.

Ce livre aspire à contribuer à une meilleure compréhension des racines de la terreur islamique en vue de mieux la combattre. L'appréhension du projet social islamiste passe par l'étude des références religieuses historiques qui inspirent les musulmans salafistes, auto-proclamés « réformateurs ». Il faut donc analyser la société arabe dans laquelle Mahomet a implanté le premier État Islamique, ainsi que les sources dont s'inspirent les islamistes et qui sont le Coran et la *Sirâ Nabawiya* (la biographie officielle de Mahomet).

L'appréhension des bases du raisonnement et des méthodes des musulmans fondamentalistes, qui prônent leur fidélité aux enseignements coraniques et à l'exemple de Mahomet, doit permettre de résister aux musulmans fondamentalistes tout en empêchant une contagion de la violence dans les nombreux pays touchés par la terreur islamique.

I

Arabie préislamique, liberté religieuse et culturelle

L'Arabie, où Mahomet a vu le jour, est une immense péninsule située à la jonction des routes commerciales joignant l'océan Indien, la mer Méditerranée, l'Europe, l'Afrique et l'Asie. Depuis l'antiquité, des caravanes, circulant sur cette terre de passage, reliaient les ports yéménites ainsi que les ports de la mer Rouge avec les côtes méditerranéennes, la Mésopotamie et l'Afrique. Qui dit lieu de passage, dit brassage de populations et d'idées. Les habitants d'Arabie, protégés par ses immensités désertiques, échappaient au contrôle des grands Empires voisins, mais ils commerçaient avec les habitants de l'Empire romain, les Abyssins et les Perses.

Les idées et les croyances ont toujours circulé dans la péninsule, qui était aussi un refuge. Les découvertes archéologiques en Israël prouvent qu'au Proche-Orient les populations passaient facilement du nomadisme pastoral à la sédentarité, ou semi sédentarité agricole et vice-versa, suivant les difficultés du moment. Les habitants pouvaient disparaître dans le désert pour fuir la guerre ou échapper à la vassalisation ou à la conscription[12].

Le monothéisme judéo-chrétien, qui avait entraîné la disparition quasi-totale du paganisme dans l'Empire romain et en Abyssinie, s'était évidemment diffusé en Arabie. Selon les sources chrétiennes, le premier mouvement de saint Paul, disciple du Christ après avoir été le persécuteur de ses fidèles, fut de se rendre en Arabie. Il y séjourna près de trois ans, (Ga I, 16-17) puis dut fuir le roi Nabatéen Aretas (2 Co 11, 32-33).

À l'époque de la naissance de Mahomet, le christianisme et le judaïsme ainsi que le paganisme et des croyances religieuses sans structure théologique rigide cohabitaient en Arabie et à la Mecque sans exclusion ni fanatisme. Les sacrifices humains y avaient été remplacés par des sacrifices d'animaux. Selon la biographie officielle de Mahomet, la *Sirâ*, rédigée par le biographe officiel Ibn Hichâm, ce serait grâce aux conseils d'une sibylle de l'oasis juive de Khaybar que le père de Mahomet, Abd-Allah, n'a pas été sacrifié au dieu Hubal, devant lequel le grand-père de Mahomet égorgea 100 chameaux en échange de son fils.

---

[12] Israel Finkelstein, *The Bible Unearthed*, p. 118.

La condition des femmes dans l'Arabie préislamique semble avoir été meilleure qu'après l'imposition de l'islam, comme en témoigne la description détaillée que donne la *Sirâ* du statut de Khadija, la première épouse de Mahomet, qui a demandé la main de son jeune employé après avoir envoyé une de ses amies sonder les sentiments du jeune homme.

Khadija bint Khuwaylid était une riche veuve qui gérait elle-même ses affaires. Elle engagea Mahomet, puis, séduite par ses nombreux talents, elle décida de l'épouser[13].

Dans cette Mecque préislamique où les femmes pouvaient manifestement circuler librement, gérer leurs affaires et discuter avec les hommes, Khadija envoya une amie, Nufaysa bint Munya, sonder les intentions du jeune homme au sujet du mariage qu'elle projetait. Lorsque Nufaysa lui transmis la réponse positive de Mahomet, Khadija invita son employé et lui fit sa demande de vive voix[14].

La paix était très importante dans la culture de l'Arabie préislamique, qui sera qualifiée de l'époque de la *jahiliyya* (ignorance) par l'islam. La tradition musulmane rapporte que dans cette Arabie préislamique toute violence était interdite au cours des mois sacrés, particulièrement durant le mois de « *dhu-l-hijja* ». Il était sacrilège de se battre et de tuer dans l'enceinte sacrée de la Mecque tout au long de l'année.

Des versets coraniques témoignent des efforts de persuasion que Mahomet a dû déployer pour justifier les morts qu'il a provoquées en faisant rompre à ses disciples la tradition de paix préislamique des mois sacrés.
(2,217). Ils te questionnent sur le fait de faire la guerre pendant les mois sacrés. - Dis : " Combattre alors est un péché grave, mais il est plus grave encore aux yeux d'Allah de faire obstacle au sentier d'Allah, de Le renier et d'empêcher l'accès à la Mosquée sacrée, et d'expulser de là ses habitants. « L'association est plus grave que le meurtre ... »

Dans l'Arabie préislamique, nul n'était exclu des lieux de culte, ouverts et accessibles à toutes les croyances, à condition que chacun respecte les croyances et rituels d'autrui pour éviter les conflits. Les Arabes étaient fiers de leurs traditions et de leurs valeurs telles que le sens de l'honneur, l'hospitalité, le respect de la parole donnée, la générosité et le courage.

L'organisation politique et sociale de l'Arabie à l'époque de Mahomet était celle de familles unies en tribus, nommées d'après un ancêtre commun

---

[13] Atallah, *Ibn Hichâm* p 59; Guillaume, *The life of Muhammad,* p. 82.
[14] Tariq Ramadan, *Muhammad, vie du Prophète*, p. 52.

et dont les membres se soutenaient mutuellement. Les diverses familles collaboraient démocratiquement à la gestion des affaires communes.

La population nomade accordait, en échange d'un tribut, sa protection à ceux qui traversaient le désert. Les petites tribus nomades, soumises à des conditions de vie précaires dans un milieu hostile, pouvaient améliorer leur quotidien en se livrant à des razzias. Ces attaques soudaines et rapides étaient généralement menées contre d'autres tribus, nomades ou sédentaires, ou contre des caravanes en vue de s'approprier un butin. Les razzias et les prises de butin étaient considérées avec mépris par les bonnes familles arabes ainsi que par les populations sédentaires qui en étaient victimes. Lorsque par malheur le sang était versé, une vendetta s'engageait avec des guerres intertribales sans fin si le prix du sang n'était pas payé. A cause de la loi du talion, il était important d'éviter les morts lors des razzias tout en ramenant la plus grande quantité possible de butin qui pouvait être utile[15].

Païens, chrétiens et juifs cohabitaient dans toute l'Arabie préislamique. Ils vivaient en bonne entente dans des oasis et autour des points d'eau à l'intérieur des terres, cultivant le sol ou se livrant à des activités artisanales. La majorité de la population sédentaire vivait soit au sud de la péninsule, dans l'Arabie Heureuse, soit dans le Hedjaz le long des côtes de la Mer Rouge où se trouvaient des ports et des marchés.

Dans certaines oasis, telle celle de Khaybar, tous les habitants étaient juifs. Le christianisme était très présent au Yémen qui avait longtemps été sous l'influence de l'Abyssinie chrétienne. La ville de Najran était chrétienne.

Les caravanes des Mecquois traversaient des terres couvertes de monastères et d'ermitages. La tradition musulmane rapporte que lors d'un voyage du jeune Mahomet qui accompagnait son oncle Abu Taleb leur caravane s'arrêta en Syrie auprès de l'un des nombreux monastères chrétiens de la région. Un moine, Bahîra, se serait ce jour-là particulièrement intéressé à Mahomet et aurait remarqué le sceau de la prophétie entre les épaules du futur prophète de l'Islam. « Sur ce sceau, il y avait un grain noir virant vers le jaune et tout autour, des poils en touffe comme une crinière de cheval[16] ».

En 410, la ville de Hira, près de Babylone en Mésopotamie, était déjà résidence épiscopale. Aux frontières du désert syrien, la grande tribu arabe

---

[15] C. Helou Matar, *Comprendre l'islam*, p. 78-79.
[16] Salah Stétié, *Mahomet*, p. 67.

des Banu Ghassan venus du Sud Yémen, et phylarques de Byzance après leur installation en Syrie, ainsi que la tribu de Kinda, *Kinda-el-muluk* (Kinda des rois), étaient chrétiennes.

Le plus célèbre poète de l'Arabie préislamique, Imrou'l Qaîs (d 540) ainsi que Yakub ibn Ishâq al-Kindi -Jacques fils d'Isaac le Kindi (800-873)- le plus grand philosophe arabe, et Abd al-Masih ibn Ishâq al-Kindi –Esclave du Messie fils d'Isaac le Kindi– qui écrivit vers 830 à la cour du calife Al-Ma'mun une importante apologie du Christianisme, sont issus de ces grandes tribus arabes chrétiennes[17].

Si certaines grandes tribus arabes chrétiennes, telle celle des Ghassan, sont très connues à cause de leur alliance avec Byzance, divers historiens arabes ont signalé la présence de chrétiens au sein de nombreuses autres tribus de la péninsule. Ibn Qutayba a noté la présence de chrétiens nazaréens au sein des tribus de Qudâ'a, et selon Al-Ya'qubi les tribus de Tamîm, Rabî'a, Banu Taghlib, Tay', Mazhaj, Bahra, Salikh, Tannûkh et Lakhm étaient chrétiennes. Al Jahiz cite les tribus chrétiennes des Chibân, 'Abd al-Qays, al-'Ubad, 'Amilâ, Jizân, ibn Kathîr, ibn Belhârith, ibn Ka'b[18].

Henri Lammens a souligné qu'on trouvait dans la ville natale de Mahomet des commerçants chrétiens de passage, Grecs, Abyssins, Syriens ou Égyptiens et des moines qui quittaient pour un temps leurs monastères pour venir à la Mecque prêcher la Bonne Nouvelle. D'autre part, des chrétiens y étaient établis de manière permanente, tels les supplétifs abyssins, des artisans abyssins et coptes, ainsi que des hommes d'affaires comme Sohaib ibn Sinan et un certain Nastase associé du commerçant qorayshite Safwan ibn Omaya[19].

La tradition musulmane rapporte que lorsque vers la fin du VIe siècle, les Quraych décidèrent de surélever les murs de la Ka'ba et de la couvrir, ils découvrirent au coin des fondations un texte en syriaque[20]. Le syriaque appartient au groupe des langues araméennes, il était parlé à Édesse et s'était répandu dans tout le Moyen-Orient avec le christianisme. La tradition musulmane rapporte qu'à cette époque la construction du toit de la Ka'ba fut confiée à un artisan copte qui résidait à la Mecque[21].

---

[17] Kamal Salibi, *A History of Arabia*, p. 62.

[18] Joseph Azzi, *Le Prêtre et le Prophète*, p. 30.

[19] Lammens, *La Mecque à la veille de l'Hégire*, p. 353.

[20] A. Guillaume, *The life of Muhammad*, p. 85.

[21] Wahib Atallah, *Ibn Hichâm*, p. 61; A. Guillaume, *The life of Muhammad*, p. 83.

Les Arabes païens pouvaient adorer la lune, les étoiles ou bien des pierres (bétyles), telle la pierre noire. Ils avaient leurs arbres, rochers, points d'eau sacrés (tel le puit de Zamzam) et redoutaient les djinns ou les mauvais esprits. Dans l'espace sacré de la Ka'ba se trouvaient plus de 360 idoles dont la pierre noire que le grand-père de Mahomet, Abd al-Muttalib, avait découverte en même temps que le puit de Zamzam.

Les marchands ismaélites, les Arabes, mentionnés dans la Bible, profitaient de leur pèlerinage à la Mecque pour faire affaire. La Mecque, était un centre commercial aussi bien que religieux. Il s'y tenait régulièrement des foires, auxquelles participaient les tribus bédouines. Les marchands y offraient des produits des continents voisins, dont l'ivoire africain, les épices et la soie venus d'Inde ainsi que de l'encens du Yémen.

Le prénom du père de Mahomet était Abd-Allah, ce qui signifie « esclave d'Allah ». Allah était donc certainement adoré dans la Mecque préislamique avant la naissance de Mahomet. Des versets coraniques citent d'autre part trois déesses, Al-Lat, Al-'Uzza et Manat.

(53, 19) Avez-vous vu Al-Lat et Al-Uzza ?

(53, 20) Ainsi que Manat, cette troisième [divinité] ?

(53, 21) Quoi ? À vous le garçon et à Lui la fille ?

La famille de Mahomet faisait partie de l'oligarchie de marchands qui gérait les pèlerinages, elle était en charge de la « *siqâya* » (distribution de l'eau sacrée) depuis que le grand-père de Mahomet avait découvert le puit de Zamzam. Les marchands mecquois contrôlaient également le commerce, pratiquant un capitalisme sophistiqué. Ils organisaient les foires et, pour subventionner leurs entreprises commerciales, n'hésitaient pas à travailler avec des capitaux d'emprunts[22].

Les valeurs morales judéo-chrétiennes étaient partagées par de nombreux Mecquois, qui pratiquaient l'aumône, se retiraient annuellement au Mont Hira, près de la Mecque, pour méditer, prier et jeûner durant un mois. Selon la tradition musulmane, Mahomet se joignit à ces hommes pieux, ces *hanafa*, et une nuit, *Laylat Al-Qadr*, durant ce mois de jeûne du ramadan, Mahomet fut appelé à lire le Coran.

(96,1) Lis, au nom de ton Seigneur qui a créé

Mahomet a prescrit à ses disciples de jeûner comme les pieux Mecquois de l'époque préislamique.

---

[22] Lammens, *La Mecque à la veille de l'hégire*, p. 221.

(2,183) Ô les croyants ! On vous a prescrit as-Siyam (le jeûne) comme on l'a prescrit à ceux d'avant vous, ainsi atteindrez-vous la piété,

Les Quraych, ancêtres de Mahomet, hommes d'affaires diplomates.

La tradition musulmane fait remonter l'installation à la Mecque des ancêtres de Mahomet au VIe siècle. Des tribus bédouines se seraient alors unies autour d'un certain Qusayy, surnommé *al-Mujammi'* (le rassembleur), pour former une nouvelle tribu qui prit le nom de Quraych.

Le nom Qusayy se trouve dans l'épigraphie nabatéenne[23] et l'ancêtre de Mahomet peut avoir été un descendant des Nabatéens chez qui saint Paul s'était rendu après avoir retrouvé la vue à Damas. Des Nabatéens, dont l'histoire a perdu la trace, ont pu revenir au nomadisme lorsque leur royaume, annexé par Byzance, a perdu sa prééminence commerciale.

La seule sourate qui mentionne les Quraych dans le Coran les présente comme des monothéistes adorant « *Rabb haza l'bayt* ».

(106,1) A cause du pacte des Quraych

(106,2) De leur pacte [concernant] les voyages d'hiver et d'été.

(106,3) Qu'ils adorent donc le Seigneur de cette Maison (Rabb haza l'bayt).

(106,4) qui les a nourris contre la faim et rassurés de la crainte !

Les chrétiens arabes utilisent fréquemment le mot « *Rabb* » –auquel peuvent être associés les noms *rabbi*, rabbin– pour désigner Dieu.

Selon Henri Lammens, les Quraych se désignaient eux-mêmes comme les nouveaux Arabes. Ce serait avec l'aide de tribus venues de Syrie, dont certaines étaient chrétiennes, et sous le commandement de Qusayy, qu'ils arrachèrent la Mecque aux Kuza'a, les anciens Arabes qui étaient venus là du Sud Yémen[24].

L'historien E-M Gallez, qui précise que la tradition musulmane situe le tombeau du grand-père de Mahomet à Gaza, estime que la famille de Mahomet et Mahomet lui-même étaient en fait syriens[25].

Selon l'histoire officielle de l'islam, les Quraych créèrent une sorte de Sénat, *Dar al-Nadwa,* pour diriger les activités religieuses et commerciales de la ville[26]. Des chefs et des membres de plusieurs tribus se réunirent à

---

[23] Lammens *L'Arabie avant l'hégire*, p. 364.

[24] Lammens. *L'Arabie avant l'hégire*, p. 364.

[25] Gallez. *Le messie et son prophète : Tome II*, p. 164.

[26] Lammens, *La Mecque a la veille de l'Hégire*, p. 72.

l'invitation de 'Abd Allah bin Jud'an et élaborèrent un code de justice connu sous le nom de *Hilf el fudul* (pacte du bien)[27] fixant des règles et des principes de justice et de soutien des victimes, qui devaient régir les relations sociales, au-delà de toute considération d'appartenance tribale et de puissance.

Les Quraych évitaient de s'engager dans des guerres tribales, nuisibles au commerce et à l'harmonie de la vie sociale. Leur devise pouvait être « faites des affaires pas la guerre ». Ils entretenaient des relations amicales avec les différentes tribus, quelles que soient leurs croyances, ainsi qu'avec les différents petits royaumes de la péninsule. Ils se posaient autant que possible en médiateurs pour régler les conflits et devinrent maîtres dans l'art du compromis et de la conciliation. Le marché mecquois d'Ukaz (*Suq Ukaz*) devint ainsi un centre commercial et religieux ouvert à tous.

À une époque où l'adhésion à l'une des grandes religions signifiait souvent l'allégeance à une puissance étrangère voisine de l'Arabie, les Quraych de la Mecque semblent avoir opté pour la neutralité et l'indépendance; ils invitaient toutes les tribus à se retrouver à la Mecque.

Ce serait grâce à la pierre noire que 'Abd al-Muttalib, le grand-père de Mahomet, fut amené à jouer un rôle dans la gestion de la vie religieuse de la Mecque. 'Abd al-Muttalib aurait découvert la pierre noire de la Ka'ba, le puits sacré de Zamzam, ainsi que des sabres, des boucliers et deux gazelles en or enterrés là par les précédents habitants de la ville.

Ibn Hichâm, le biographe officiel de Mahomet, raconte que lorsque le grand-père (païen) de Mahomet découvrit le puits, la pierre noire et les gazelles en or il s'écria « *Allah akbar* ». Cette expression qui signifie « Allah est plus grand » est indissolublement liée à la religion fondée par son petit-fils. Lorsque les Quraych lui demandèrent de partager avec eux le trésor, 'Abd al-Muttalib décida de le faire tirer au sort devant le dieu Hubal[28].

Le sort décida que le trésor devait être remis à 'Abd al-Muttalib qui fit fondre les deux gazelles pour décorer la Ka'ba. Puis, 'Abd al-Muttalib décida que l'eau du puits de Zamzam servirait désormais de boisson sacrée (*siqâya*) aux pèlerins.

---

27 Tariq Ramadan, *Muhammad, vie du Prophète,* p. 47-48.
28 Atallah, *Ibn Hichâm,* p. 45-46.

'Abd al-Muttalib aurait également fait le vœu de sacrifier aux dieux l'un de ses fils s'il avait dix enfants mâles qui parviendraient à l'âge adulte pour le protéger[29].

Ibn Hichâm nous dit que lorsque les enfants de 'Abd al-Muttalib furent parvenus à l'âge adulte, c'est Abdallah, le futur père de Mahomet, qui fut désigné, par le sort, pour le sacrifice. Le grand-père de Mahomet, grâce aux conseils d'une sibylle de l'oasis juive de Khaibar, finira par égorger devant le dieu Hubal 100 chameaux en échange de son fils[30]. Nous pouvons donc logiquement attribuer à l'influence du monothéisme juif, l'abandon des sacrifices humains par le grand-père de Mahomet.

La Bible mentionne les dieux au Moyen-Orient, qui étaient de grands consommateurs de chair fraîche avant que le Dieu d'Israël n'interdise aux hommes de sacrifier leurs enfants (Dt 18 :9-10). La Bible évoque particulièrement Moloch (Lev 18,21) (Lev 20,2-5) et Baal (2 Rois 17, 16-17) duquel on peut rapprocher Hubal, l'un des dieux mecquois.

Les Hanafa, qui priaient le Dieu unique, jeûnaient et faisaient la charité.

Bien que la tradition musulmane souligne constamment le paganisme des Arabes à l'époque de Mahomet, de nombreuses sources historiques, dont la Sunna et le Coran, prouvent la présence de juifs et de chrétiens dans son entourage. L'historien al-Ya'qubi a écrit qu'à l'époque de Mahomet, il y avait des Arabes très fervents et d'autres tièdes. Selon la tradition musulmane, les Arabes fervents de la Mecque préislamique adoraient le Dieu unique, pratiquaient le jeûne, la méditation et les œuvres de bienfaisance[31].

L'Arabe fervent est désigné dans les hadiths, ainsi que dans le Coran, sous le nom de *hanif* qui est la transposition en arabe de l'hébreu « *hanef* ». Or *hanef* est le terme par lequel les juifs rabbanites désignaient les judéo-nazaréens[32].

Témoignant de la liberté religieuse qui régnait à la Mecque avant l'islam, le biographe officiel de Mahomet rapporte la conversion au christianisme de trois Mecquois en quête spirituelle.

---

[29] Atallah, *Ibn Hichâm,* p. 46; Guillaume, *The life of Muhammad,* p. 66.

[30] Atallah, pp. 47-48; Guillaume, p. 67-68.

[31] Tor Andrae, *Mohammed, The Man and His Faith,* p.109.

[32] Gallez, *Le messie et son prophète : Tome II,* p. 418.

Ibn Hichâm a écrit que quatre hommes, Waraqa ibn Nawfal, Ubayd-Allah ibn Jahch, Uthman ibn al-Huwayrith et Zayd ibn Amr, qui faisaient partie des meilleures familles mecquoises, se demandèrent un jour ce qu'ils faisaient à tourner, à la Ka'ba, autour d'une pierre qui ne voyait rien, n'entendait rien, ne faisait rien. Ils décidèrent de se trouver une autre religion. Ils feront partie des « *hanafa* » (pluriel de *hanif*) avant que trois d'entre eux se convertissent au christianisme[33].

Waraqa ibn Nawfal fut très proche de Mahomet car il était le cousin et conseiller spirituel de Khadija, première épouse du prophète de l'islam. Les *hadiths* disent que Waraqa avait appris les Écritures auprès des maîtres et s'était converti au christianisme[34].

Ubayd-Allah ibn Jahch fit partie des disciples de Mahomet qui immigrèrent en Abyssinie. Il épousa Umm Habiba, fille du commerçant mecquois Abu Sufyan qui s'opposa longtemps à Mahomet avant de se rallier, contraint et forcé, à l'islam.

Ubayd-Allah ibn Jahch est mort chrétien en Éthiopie. Il disait à ses compagnons que les chrétiens voyaient plus clair qu'eux. Mahomet épousera plus tard sa veuve Umm Habiba amorçant une reprise des relations avec Abu Sufyan qu'il voulait gagner à sa cause[35].

Le frère d'Umm Habiba, Muawiya, deviendra le premier calife Omeyyade de la lignée des califes « Sufyanides » ainsi nommés à cause de son père Abu Sufyan. Uthman ibn Al-Huwayrith, devenu chrétien, aurait obtenu une importante position à la cour de Byzance.

Zayd ibn 'Amr ibn Nufayl, selon la *Sirâ*, resta en dehors du judaïsme et du christianisme qui semblent donc avoir été les deux principales options religieuses offertes aux Mecquois avant l'islam. Il aurait cependant quitté la religion de ses ancêtres, s'abstenant de la consommation de viande d'animaux étouffés et du sang des victimes sacrifiées au pied des idoles.

Cette explication fournie par ibn Hichâm permet néanmoins de rapprocher Zayd ibn 'Amr du judéo-christianisme (Nazaréisme) et plus particulièrement du groupe de fidèles de Jacques, le premier évêque de Jérusalem (Actes 15, 29).

---

[33] *Ibn Hichâm: La biographie du prophète Mahomet,* p. 222-232; Guillaume, *The life of Muhammad,* p. 100.
[34] Azzi, *Le Prêtre et le Prophète,* p. 26.
[35] Guillaume, *The life of Muhammad, a translation of Ishaq's Sirat Rasul Allah,* p. 102.

Il n'est pas fait mention de lieux de prière chrétiens ou juifs à la Mecque, malgré les mentions coraniques relatives à la piété des moines et des chrétiens en général *(5,82)*. Selon les historiens arabes, de nombreuses tribus chrétiennes d'Arabie n'hésitaient pas à se joindre aux pèlerins de la Mecque ; et dans un de ses vers, le poète chrétien Adi b. Zayd a prêté serment *« au nom du Rabb de La Mecque et du Crucifix* [36] ».

Les chrétiens arabes utilisent généralement le mot *Rabb* pour dire Dieu et le mot *Rabb* dans le Coran désigne le Dieu des Quraych, la tribu de Mahomet.

L'historien al-Azrâqi a écrit qu'il y avait une icône de Jésus et de Marie à la Ka'ba et que, lors de la conquête *(Fath)* de la Mecque, Mahomet aurait ordonné d'effacer toutes les icônes sauf celle de Jésus et de Marie sur laquelle il avait posé les mains[37]. Il faut donc supposer que les chrétiens devaient avoir un espace de prière à côté de ceux des pèlerins païens qui se rendaient à la Ka'ba. Ibn Hichâm évoque les rencontres entre Waraqa bin Nawfal, cousin chrétien de Khadija, et Mahomet qui accomplissait ses rondes autour de la pierre noire ou se reposait à l'ombre de la Ka'ba[38].

Les Mecquois n'étaient pas des fanatiques. Ils tenaient à leurs libertés et chacun était libre de croire ou pas en Jésus, en Yahvé, en Hubal, en Allât ou en Allah. Dans les familles, certains pouvaient devenir chrétiens ou être athées sans problèmes. L'opposition rencontrée par Mahomet, lorsqu'il entreprit de propager ses idées, est donc surprenante.

---

[36] Salah Stétié, *Mahomet*, p. 63.
[37] Azzi, *Le Prêtre et le Prophète*, p. 30.
[38] Atallah, p. 82.

II

Mahomet se proclame Envoyé d'Allah

Mahomet serait né l'année de l'éléphant qui se situerait vers 570 ou 580[39]. Orphelin de père avant sa naissance, Mahomet perdit sa mère, Amina, lorsqu'il avait six ans. Le futur prophète de l'Islam fut ainsi amené à vivre chez son grand-père paternel, Abd al-Muttalib, puis il vécut chez son oncle paternel, Abu Taleb, après le décès de son grand-père[40].

Selon la tradition, Abu Taleb a traité Mahomet comme un fils et il l'a toujours soutenu et protégé, conformément aux traditions arabes de solidarité familiale, bien qu'il ait toujours refusé d'adhérer à ses idées[41].

Dans sa jeunesse, Mahomet a connu le monde des affaires. À la faveur de ses déplacements en caravane pour des affaires commerciales, il a été en contact avec les civilisations qui entouraient l'Arabie. Il aurait participé à quelques batailles lors de la guerre des « *Fijâr* » entre les Quraych et les Qays'Aylan, batailles au cours desquelles il aurait été chargé de récupérer les flèches lancées par l'ennemi[42].

Bien que jouissant d'un bon statut social du fait du rôle de son clan dans la gestion des activités religieuses, la famille de Mahomet, les Banu Hashem, ne faisait pas partie du groupe des Quraych les plus fortunés, tels les Banu Makhzoum et les Omeyyades. Aucune charge particulière n'avait été confiée à Abu Taleb qui n'était pas très riche[43].

Mais la fortune et le statut social de Mahomet s'améliorèrent considérablement après son mariage avec sa patronne, la riche veuve Khadija bint Khuwaylid[44], qui fut encouragée dans ses projets matrimoniaux par son cousin, le sage et respecté chrétien Waraqa bin Nawfal[45].

Devenu un commerçant prospère et un honorable père de famille, Mahomet consacra davantage de temps aux affaires religieuses qui étaient

---

[39] Henri Lammens, *Journal Asiatique* mars-avril 1911.
[40] Atallah, *Ibn Hichâm,* p. 55.
[41] Atallah, *Ibn Hichâm,* p. 56.
[42] Atallah, *Ibn Hichâm,* p. 58.
[43] Stétié, Mahomet, Pygmalion, p. 92.
[44] Atallah. *Ibn Hichâm* p 59; Guillaume, *The life of Muhammad,* p. 82.
[45] Atallah, p. 60.

gérées par sa famille. Il se joignit aux Arabes fervents de la Mecque préislamique qui adoraient le Dieu unique, pratiquaient le jeûne, la méditation et les œuvres de bienfaisance ; et il prit l'habitude de se retirer, comme eux, au Mont Hira pour prier et jeûner[46].

C'est alors qu'il aurait reçu un appel à jouer désormais un plus grand rôle dans sa ville natale. L'ange Gabriel, lui aurait demandé de lire ce que le Seigneur a enseigné à l'homme.

(96,1)Lis, au nom de ton Seigneur qui a créé,

(96,2) qui a créé l'homme d'une adhérence.

(96,3) Lis ! Ton Seigneur est le Très Noble,

(96,4) qui a enseigné par la plume [le calame],

(96,5) a enseigné à l'homme ce qu'il ne savait pas.

C'est comme envoyé d'Allah, chargé de transmettre aux Arabes dans leur langue un Livre, semblable aux Écritures déjà reçues par d'autres peuples – les juifs et les chrétiens –, que Mahomet entama sa carrière prophétique et politique. Khadija, qui avait apporté à Mahomet une stabilité familiale et la sécurité financière, encouragea et soutint son jeune époux.

(6, 155) Et voici un Livre (le Coran) béni que Nous avons fait descendre - suivez-le donc et soyez pieux, afin de recevoir la miséricorde –

(6,156) afin que vous ne disiez point : "On n'a fait descendre le Livre que sur deux peuples avant nous, et nous avons été inattentifs à les étudier.

De nombreux versets confirment l'ambition de Mahomet de guider ses compatriotes vers une union autour d'Allah et du Livre qui lui avait été dicté en arabe.

À cette époque, où Mahomet était proche de sa femme Khadija et de son cousin chrétien Waraqa, les enseignements qu'il prêchait ne contredisaient pas les dix commandements, comme ils le feront après la mort de ces derniers et son installation à Yathrib/Médine.

(26,194) sur ton cœur, pour que tu avertisses,

(26,195) en une langue arabe très claire.

(19,97) Nous l'avons rendu (le Coran) facile [à comprendre] en ta langue, afin que tu annonces par lui la bonne nouvelle aux gens pieux, et que, tu avertisses un peuple irréductible.

(3,3) Il a fait descendre sur toi le Livre avec la vérité, confirmant les Livres descendus avant lui. Et Il fit descendre la Thora et l'Évangile.

---

[46] Tor Andrae, *Mohammed, The Man and His Faith*, p.109.

(62,2.) C'est Lui qui a envoyé à des gens sans Livre (les Arabes) un Messager des leurs qui leur récite Ses versets, les purifie, leur enseigne le Livre et la Sagesse, eux étaient auparavant dans un égarement évident.

Mahomet fit part de sa mission à ses proches. Son cousin Ali, jeune fils de son oncle Abu Taleb, qui était venu vivre avec lui chez Khadija, ainsi que Zayd Ibn Harithah, que Khadija et Mahomet avaient adopté, devinrent ses disciples. Ce fut ensuite le tour d'Abu Bakr ibn Abu Quhâfah, le futur premier calife de l'islam.

Mahomet commença par annoncer aux Mecquois l'imminence du jugement dernier tout en affirmant que lui-même n'était qu'un simple homme chargé de les prévenir et que le Livre en arabe, qui rappelait ce qu'il y avait dans les Écritures antérieures, était le seul signe miraculeux qu'il pouvait leur montrer.

(11,12) Il se peut que tu oublies une partie de ce qui t'est révélé, et que tu te sentes angoissé ; parce qu'ils disent : "Que n'a-t-on fait descendre sur lui un trésor ?" Ou bien : "Que n'est-il venu un Ange en sa compagnie ?" - Tu n'es qu'un avertisseur. Et Allah gouverne tout.

(20,133) Et ils disent : "Pourquoi ne nous apporte-t-il pas un miracle de son Seigneur? La Preuve (le Coran) de tout ce que contiennent les Écritures anciennes ne leur est-elle pas venue ?

(29,50) Et ils dirent : "Pourquoi n'a-t-on pas fait descendre sur lui des prodiges de la part de son Seigneur ?" Dis : "Les prodiges sont auprès d'Allah. Moi, je ne suis qu'un avertisseur bien clair".

(29,51) Ne leur suffit-il donc point que Nous ayons fait descendre sur toi le Livre et qu'il leur soit récité ? Il y a certes là une miséricorde et un rappel pour des gens qui croient.

Au cours des premières années de la mission prophétique de Mahomet, son message portait principalement sur l'obligation de croire qu'il était l'envoyé d'Allah, et de croire aux enseignements du Livre avec des exhortations à pratiquer la charité, à protéger les orphelins et à craindre le jugement dernier.

Il est évident que toutes les croyances étaient bien reçues dans le milieu où vivait Mahomet. Waraqa bin Nawfal, le cousin de Khadija, avait pu sans difficultés se convertir au christianisme et il était très respecté.

Les chrétiens et les juifs, dont Mahomet déclarait être venu rappeler le message en arabe, ne rencontraient aucun problème à la Mecque. Mais Mahomet se trouva bientôt en butte à l'hostilité de sa tribu des Quraych, ce qui peut sembler incompréhensible connaissant leur respect manifeste des libertés nécessaires aux échanges commerciaux et à la bonne marche des affaires.

C'est que Mahomet exigeait d'être reconnu par tous comme l'unique envoyé d'Allah. Il critiquait les croyances des grandes familles mecquoises, l'organisation sociale et le libéralisme qui régnaient à la Mecque. Son message et ses critiques séduisirent principalement des jeunes en quête de changements, qui espéraient construire un monde meilleur en le suivant, ainsi que quelques indigents.

Prétentions de Mahomet, oppositions des Mecquois et inimitiés personnelles.

Comme les principes d'égalité tribale et de liberté de culte à la Ka'ba constituaient la base même du système social, économique et religieux de la Mecque préislamique, les grandes familles des Quraych, conformément à leur tradition de tolérance, n'opposèrent pas de résistance à Mahomet lorsque ce dernier commença à diffuser son message.

Mais, alors que la Ka'ba était ouverte à toutes les croyances, Mahomet ne se contenta pas de prier Allah et de faire connaître le Livre qu'il avait reçu. Il commença à se moquer des croyances de ses compatriotes et à attaquer leurs ancêtres. Il exigeait également que tous se soumettent à sa mission prophétique de seul interlocuteur d'Allah. C'est là que les souples commerçants mecquois se rebiffèrent.

Car le rôle auquel prétendait Mahomet ainsi que les idées qu'il voulait imposer avaient également une portée économique et politique immédiate. Le rôle de la Mecque comme centre religieux organisé par les Quraych pouvait sembler menacé, puisque Mahomet prétendait parler au nom du Dieu des Juifs et des Chrétiens pour lesquels Jérusalem était la Ville Sainte. Mahomet et ses disciples priaient d'ailleurs tournés vers Jérusalem.

D'autre part, les prétentions politiques de Mahomet menaçaient l'équilibre social démocratique entre les familles, car il ne faut pas non plus négliger les rivalités claniques et la jalousie dans l'écheveau des relations qui régissaient la vie sociale des Arabes.

L'obstacle posé par la crainte de voir l'importance de la Mecque menacée disparaîtra dix-sept mois après l'installation de Mahomet à Yathrib/Médine ; car, pendant le mois de *rajab* de la deuxième année du calendrier musulman, Mahomet changera la direction de la prière, la *Qibla*, et dira à ses fidèles de prier en direction de la Mecque.

La question de la direction de la prière offre un exemple des débats suscités par les changements de directives auxquelles durent se soumettre les fidèles de Mahomet à Yathrib/Médine. Les disciples qui osaient se poser des questions furent traités d'« insensés » par Mahomet.

(2, 142) Les insensés parmi les gens diront : "Qui les a détournés de la qibla vers laquelle ils s'orientaient auparavant ? « – Dis : "C'est à Allah qu'appartiennent l'Orient et l'Occident. Il guide qui Il veut vers un droit chemin ».

(2, 143) Et aussi Nous avons fait de vous une communauté de juste milieu pour que vous soyez témoins contre les hommes, et que le Messager soit témoin contre vous. Et Nous n'avions établi la précédente qibla que pour distinguer ceux qui suivent le Messager de ceux qui s'en détournent. C'était un changement difficile, mais pas pour ceux qu'Allah guide. Et ce n'est pas Allah qui vous privera du bénéfice de votre foi …

(2, 144) Nous te voyons tourner le visage vers le ciel. Nous voulons maintenant que tu te tournes vers une direction qui te plaira. Tourne donc ton visage vers la Mosquée sacrée. Où que vous soyez, tournez vos visages vers cette direction. Ceux à qui le Livre a été donné savent bien que c'est la vérité venue de leur Seigneur. Et Allah n'est pas inattentif à ce qu'ils font.

La conscience des menaces sur l'équilibre social démocratique entre les tribus est explicitement formulée par le principal adversaire mecquois de Mahomet, Amr, le chef du clan des Banu Makhzoum – dont le surnom mecquois était *Abu al Hakam* (père de l'arbitrage) et que les disciples de Mahomet surnommèrent Abu Jahl (père de l'ignorance)[47].

Selon la *Sirâ*, Amr expliqua clairement qu'il refusait totalement d'accorder le moindre crédit aux prétentions prophétiques de Mahomet à cause du pouvoir que leur reconnaissance conférerait à ce dernier[48].

Pour Amr/Abu Jahl les prétentions de son compatriote menaçaient la participation égalitaire qui prévalait à « *Dar al Nadwa* », l'assemblée formée par les chefs de tribus ou de clans.

Abu Jahl déclara qu'il estimait que son clan, les Banu Makhzum, et celui des Banu 'Abd Manâf dont faisait partie les Banu Hashem (la tribu de Mahomet) s'étaient toujours disputé l'honneur du premier rang. Les Banu Hashem étaient généreux, les Banu Makhzum l'étaient aussi ; les Banu Hashem étaient courageux, les Banu Makhzum aussi. Abu Jahl considérait

---

47 Ramadan, *Muhammad*, p. 91.
48 Atallah, *Ibn Hichâm* p. 108-109.

que les deux clans avaient été comme deux chevaux de course en lice jusqu'au moment où les Banu Hashem avaient déclaré avoir chez eux un prophète qui seul recevait la révélation du ciel. Il se demandait comment ils pourraient dès lors les égaler dans un tel privilège.

Une anecdote rapportée par la *Sirâ* permet de comprendre le rôle des rivalités et antagonismes personnels dans le déroulement de l'histoire. La tradition musulmane rapporte que Mahomet enfant avait poussé Amr si fort que celui-ci s'était profondément blessé au genou et en avait gardé une cicatrice.

Lors de la bataille de Badr, les disciples de Mahomet lui offrirent la tête d'Amr et le prophète de l'islam ne put identifier le corps de son vieil ennemi décapité, parmi les autres cadavres, que grâce à cette cicatrice[49].

Mahomet semble avoir eu dès le début de sa carrière publique d'ambitieux projets d'invasion des pays voisins, une fois que les Arabes se seraient unis sous la bannière d'un dieu unique. En effet, lorsque Mahomet avait commencé à faire connaître ses idées et ses prétentions, il s'était d'abord adressé à sa famille comme en témoigne le verset.

(26, 214) Adresse l'appel à tes proches parents.

Selon Tabari, Mahomet avait demandé alors à ses oncles et ses cousins de le suivre pour acquérir le bonheur ici-bas même s'ils ne cherchaient pas le bonheur dans l'autre monde, car Allah allait répandre sa religion et il allait conquérir l'Arabie, la Perse et Rome.

Alors que tous se taisaient, perplexes devant ces projets grandioses, seul son cousin Ali affirma croire en lui et Mahomet le nomma son vicaire. Nomination qui valut à Abu Taleb, père de Ali, des sarcasmes parce que Mahomet avait fait de son fils son maître[50].

Il est important de se souvenir que ces débats eurent lieu à une époque de désagrégation politique et sociale au Moyen-Orient. En effet, Mahomet appela les Arabes à le suivre unis autour d'Allah au moment où les Perses, envahissant l'Empire byzantin, s'étaient emparés de Jérusalem et de l'Égypte dont Héraclius ne pourra les déloger qu'au prix de terribles batailles.

L'année 622, celle de l'hégire de Mahomet à Yathrib/Médine et première année de l'ère musulmane, fut aussi celle du début de la reconquête

---

[49] Guillaume, *The life of Muhammad*, p. 304; Schwartz-Barcott, *War, Terror & Peace in the Qur'an*, p. 110.
[50] *Chroniques de Tabari : tome 2*, Traduction H. Zotenberg, 1869, p. 405-406.

des terres byzantines par Héraclius. L'intérêt de Mahomet pour le contrôle possible des territoires voisins où l'anarchie régnait depuis plusieurs années, et où vivaient de nombreux Arabes, semble logique.

Les audacieux projets de Mahomet, mêlant religion et politique, ne sont pas surprenants de la part d'un homme d'affaires ambitieux dont la famille exerçait un pouvoir grâce à la gestion de la religion et des pèlerinages.

Mahomet suivait les nouvelles et souhaitait la défaite des Perses. Il avait pu constater, au cours de ses voyages d'affaires, l'ampleur des destructions provoquées par la guerre lancée en 602 par l'empereur Khosrô II contre l'Empire romain d'Orient. L'administration romaine s'était effondrée dans tout le Moyen-Orient et même en Afrique.

Héraclius ne put commencer à négocier le retrait des soldats de Khosrô II qu'au bout de près de 25 ans, en 626, et il ne put ramener à Jérusalem la vraie Croix – emportée par Khosrô II en 614 avec le butin – qu'en 630, soit à l'époque où les musulmans commençaient à attaquer des territoires romains considérablement affaiblis.

Les versets (30, 2-4) révèlent l'inimitié entre Perses et Arabes, qui se font aujourd'hui encore la guerre pour le contrôle du Moyen-Orient.

(30,2). Les Romains ont été vaincus,

(30,3) dans le pays voisins, et après leur défaite ils seront les vainqueurs

(30,4) dans quelques années. A Allah appartient le commandement, au début et à la fin, et ce jour-là les Croyants se réjouiront

L'inscription gravée en l'an 328 apr. J.-C. sur la pierre tombale d'Imrou'l Qays bin Amr, roi lakhmide des Arabes, découverte à Namara dans la région du Hauran en Syrie, témoigne d'une identité arabe déjà affirmée au IVe siècle[51].

Zénobie de Palmyre et l'adoptianisme.

Au IIIe siècle, une syrienne avait déjà tenté de se tailler un Empire dans les territoires romains, en profitant de l'affaiblissement du pouvoir à cette époque. Elle était reine d'une prospère oasis, centre commercial et lieu de passage des caravanes qui reliaient l'Extrême-Orient à la Méditerranée.

L'aventure de la syrienne Zénobie, qui régna à Palmyre de 267 à 272, illustre les ambitions qui pouvaient naître dans des territoires où le pouvoir

---

[51] https://commons.wikimedia.org/wiki/File:Epitaph_Imru-l-Qays_Louvre_AO4083.jpg

impérial était affaibli ainsi que l'importance des Arabes sédentaires qui exerçaient un pouvoir local dans l'Empire romain.

Zénobie était syrienne, comme Julia Domna d'Émèse (170-217) mère de l'empereur Caracalla (188-217), comme l'empereur Philippe l'Arabe (Marcus Julius Philippus, 204-249).

Le Coran fait allusion à une des épouses de Mahomet qui portait ce prénom. Cette Zénobie mecquoise, Zénab, était l'épouse de Zayd, le fils adoptif de Khadija et Mahomet. Zayd a répudié Zénab afin de rendre possible son mariage avec Mahomet, comme le prophète de l'islam le souhaitait.

(33,37) Quand tu disais à celui que Allah avait comblé de bienfaits, tout comme toi-même l'avais comblé : "Garde pour toi ton épouse et crains Allah", tu cachais en ton âme ce que Allah allait rendre public. Tu craignais l'opinion des gens, alors que c'est Allah qui est plus digne de ta crainte. Puis quand Zayd eût cessé toute relation avec elle, Nous te la fîmes épouser, afin qu'aucun grief ne puisse être fait aux croyants qui épousent les femmes de leurs fils adoptifs, quand ceux-ci ont cessé toute relation avec elles. Le commandement d'Allah doit être exécuté.

Le nom du fils de la reine Zénobie de Palmyre, Wahballât ou Wahb-Allât signifie en arabe « don d'Allât ». Or Allât est une déesse citée dans le Coran.

(53, 19) Que pensez-vous d'Al-lât et al-Uzza,
(53,20) et de l'autre Manat, la troisième.

Zénobie de Palmyre était l'épouse d'Odénat qui sauva l'Empire romain après la capture, en 260, de l'empereur Valérien (253-260) par le roi Perse Shahpur Ier de la dynastie des Sassanides.

Lorsque Valérien mourut en captivité et que l'Empire, attaqué par les Goths et les Perses, semblait perdu c'est Odénat, roi de l'oasis de Palmyre et d'origine nabatéenne comme l'étaient probablement les tribus quraychites, qui sauva Rome en infligeant une grave défaite aux Perses avant qu'ils ne puissent traverser l'Euphrate. Le fils de Valérien, l'empereur Gallien (253-268) nomma Odénat « *Dux Romanorum* »[52].

Odénat fut empoisonné en 267 alors qu'il combattait les Goths aux côtés des légions romaines sur les rives du Danube.

Sa veuve Zénobie prit alors le pouvoir au nom de son fils Wahb-Allât qu'elle déclara « Roi, Consul, Imperator et Dux Romanorum », en tant qu'héritier de son père.

---

[52]Maurice Vallery-Radot, *L'Église des premiers siècles*, p. 223-224.

Zénobie tenta de faire prévaloir une interprétation hérétique du christianisme. Avec Paul de Samosate, l'évêque d'Antioche, première ville où les disciples du Christ reçurent le nom de chrétiens (Actes 11, 26), elle contribua à la promotion de l'« adoptianisme », une hérésie selon laquelle le Christ était devenu Dieu progressivement et par adoption[53]. Jean Chrysostome a accusé Paul de Samosate d'avoir soutenu les idées de la reine syrienne par goût du pouvoir[54].

Un concile fut réuni à Antioche pour examiner la nouvelle doctrine hérétique. De nombreux évêques se déplacèrent pour assumer leur responsabilité de protection des dogmes chrétiens.

Les Pères de l'Église durent se réunir à trois reprises avant que le subtil prêtre Malchion ne réussisse finalement à contraindre l'évêque d'Antioche, Paul de Samosate, à admettre qu'il refusait la filiation divine de Jésus[55] — filiation que l'islam refuse également de reconnaître. Le concile déposa alors l'évêque d'Antioche et le remplaça par Domnus.

Alors que les Pères de l'Église réfutaient l'hérésie de Paul de Samosate soutenu par la reine syrienne, Zénobie œuvrait à l'élargissement de son royaume. Elle obtint l'allégeance des provinces d'Arabie et d'Arménie et réussit à occuper l'Égypte. Au sommet de sa gloire, la reine syrienne défia Rome en faisant graver des monnaies, donnant à son fils Wahb-Allât le titre d'empereur et prenant elle-même celui d'Augusta[56].

L'empereur Aurélien (270-275) finit par mener campagne contre Zénobie et Wahb-Allât. Zénobie vaincue en 272 fut emmenée prisonnière à Rome où elle mourut en 274. L'empereur contraignit Paul de Samosate à restituer à l'Église la maison épiscopale[57].

L'aventure de Zénobie révèle comment l'ambition pouvait amener des Arabes, vassaux et alliés de Rome, à devenir les rivaux de l'Empire et à le menacer sérieusement. Le parcours de la reine de Palmyre peut éclairer celui de Mahomet et des premiers califes qui, après avoir été partisans de la victoire des Romains, selon les versets (30, 2-4), lors du conflit entre la Perse et l'Empire romain qui ravagea l'Orient au début du VIIe siècle, profitèrent des troubles pour se lancer eux-mêmes à l'assaut des provinces de l'Empire.

---

[53] Maurice Vallery-Radot, *L'Église des premiers siècles*, p. 224-225.

[54] Gallez, Edouard-Marie. *Le messie et son prophète : tome I*, p. 449.

[55] M. Vallery-Radot, *L'Église des premiers siècles*, p. 226.

[56] Gallez, *Le messie et son prophète Tome I*, p. 451.

[57] M. Vallery-Radot, *L'Église des premiers siècles*, p. 226.

Libertés menacées par Mahomet et solidarité familiale à la Mecque.

Les Mecquois, critiqués et insultés par Mahomet, cherchèrent une solution diplomatique au conflit. Une délégation de représentants des différentes familles de la ville se rendit auprès d'Abu Taleb, l'oncle de Mahomet, pour se plaindre du fait que leurs divinités avaient été insultées et leurs ancêtres accusés d'erreurs par son neveu[58].

Mais, lorsqu'Abu Taleb demanda à son neveu d'arrêter d'insulter les Quraych et leurs dieux, Mahomet répondit que tout ce qu'il demandait c'était que les Quraych prononcent une phrase et qu'il les laisserait tranquille, car cette phrase leur permettrait de soumettre tous les Arabes et de se rendre maître des *ajam* (étrangers et plus précisément *Perses* en arabe). Cette phrase était : « il n'y a de dieu qu'Allah et Mahomet est son envoyé », mais les Quraych refusèrent de se soumettre à Mahomet[59].

Cet épisode de la vie de Mahomet est révélateur de l'ambiance égalitaire qui régnait à la Mecque préislamique, mais aussi de l'esprit politique aussi bien que religieux dans lequel Mahomet semblait déjà concevoir son rôle.

À cette époque, désignée par les historiens musulmans avec mépris comme celle de la *jahiliyya* (l'ignorance), les Arabes respectaient l'interdiction de la violence durant les mois sacrés et dans l'enceinte sacrée (paix sacrée que Mahomet rompra) ainsi que la liberté de croyance.

En revanche, le comportement du prophète de l'Islam, exigeant la soumission de tous les Mecquois et envisageant même la soumission de tous les Arabes ainsi que l'invasion des Empires voisins, révèle un souci d'unification religieuse au service d'un projet non pas d'élévation spirituelle, mais surtout de puissance politique et militaire qui s'éloigne déjà des enseignements de Moïse et du Christ – dont Mahomet affirmait alors rappeler le message aux Arabes.

(3,3) Il a fait descendre ce Livre avec la vérité, confirmant la Thora et l'Évangile descendus avant lui.

La soumission exigée par Mahomet pour arrêter de harceler les Quraych a comme un avant-goût des conversions forcées de ceux qui deviendront « les hypocrites » à Yathrib/Médine.

---

[58] Atallah, *Ibn Hichâm*, p. 89-90.
[59] Mernissi, *Islam and Democracy*, p. 98-99.

Les Quraych réagirent finalement aux attaques de Mahomet en maltraitant ceux qui se ralliaient à lui et principalement ses fidèles appartenant à la population la moins favorisée de la Mecque car ils n'avaient pas de défenseurs[60].

La *Sirâ* révèle cependant que la solidarité familiale et la recherche d'un arrangement pacifique ont toujours prévalu dans les réactions des Quraych et que même les hommes que Mahomet haïssait le plus, Abu Lahab, son oncle, et Amr – surnommé Abu Jahl par les musulmans –seraient intervenus pour limiter la violence.

Abu Lahab – oncle de Mahomet, élu chef de la famille des Banu Hashem, et qui est maudit dans le Coran (111,1-5) – intervint pour défendre Abu Taleb, auquel les Banu Makhzoum reprochait de soutenir Mahomet ainsi qu'un autre de ses neveux, Abu Salama, disciple de Mahomet.

Abu Lahab reprocha aux Banu Makhzoum de chercher querelle à un vieillard qui protégeait simplement les membres de sa famille[61].

La *Sirâ* rapporte également qu'un jour Amr/Abu Jahl réagissant aux critiques de ses ancêtres par le prophète de l'Islam, insulta Mahomet. Un oncle de Mahomet, Hamza, prit alors la défense de son neveu et frappa Amr en déclarant avoir adopté la religion de Mahomet.

Pour ne pas laisser une spirale de violence se développer, Amr arrêta les hommes de son clan qui se dressèrent pour le venger et reconnut avoir insulté Mahomet[62].

Manœuvres politiques, négociations, alliances et émigration.

Le discours politico-religieux de Mahomet ne séduisit que quelques dizaines de Mecquois durant ses trois premières années de prosélytisme, et ses disciples subissaient des avanies et parfois même des violences de la part des Mecquois qui ne voulaient rien savoir de ses projets.

Les Mecquois tentèrent de neutraliser Mahomet en imposant à sa famille un blocus qu'ils finiront par lever, car il leur était insupportable d'isoler des compatriotes auxquels ils étaient unis par des liens tribaux et personnels.

Confronté à une situation bloquée, vu le maigre succès remporté par ses prêches, Mahomet tenta de chercher des appuis extérieurs à la Mecque.

---

[60] Atallah, *Ibn Hichâm* p 109-110; Guillaume, p.143.

[61] Atallah, *Ibn Hichâm*, p. 127; Guillaume, *The life of Muhammad*, p.170.

[62] Atallah, *Ibn Hichâm* p. 97; Guillaume, p. 132.

Le proche royaume chrétien d'Abyssinie pouvait offrir un espoir de soutien aux personnes qui se déclaraient persécutées parce qu'elles défendaient la foi en un dieu unique et affirmaient qu'Allah était le même dieu que celui de Jésus et d'Abraham, puisque le Livre de Mahomet confirmait la Thora et l'Évangile.

(3,3) … le Livre (…) confirmant (…) la Thora et l'Évangile descendus avant lui.

Mahomet décida d'envoyer un groupe de ses fidèles, dont son cousin Ja'far fils d'Abu Taleb, solliciter la protection du Négus pour pouvoir pratiquer librement leur foi[63].

Certains commentateurs ont vu dans cette émigration en pays chrétien une première manœuvre politique, car lors de tous les contacts que Mahomet a établis, à l'extérieur de la Mecque, il a toujours exigé la nécessité de le défendre contre ses ennemis.

Ce fut le cas lorsqu'il tenta d'obtenir le soutien des habitants de Taif et que ses prétentions prophétiques furent ridiculisées. Ce fut également le cas lorsque, préparant son départ pour Yathrib/Médine, il établit, d'une manière plus étudiée, un accord qui aboutit au pacte de guerre d'Aqaba.

Les Mecquois semblaient déjà redouter quelque complot politique en vue d'une prise de pouvoir par la force à la Mecque, car des envoyés des Quraych suivirent immédiatement les fidèles de Mahomet. Ils demandèrent le retour des fugitifs et expliquèrent au Négus qu'ils connaissaient le christianisme et que Mahomet prêchait une foi différente de la sienne et avait entraîné un certain nombre de leurs jeunes à la révolte.

Le roi d'Aksoum en Éthiopie aurait demandé alors aux disciples de Mahomet de lui expliquer leur foi et de lui lire un extrait de leur « Livre » en présence de ses évêques. La *Sirâ* confirme bien l'existence d'un Livre dès le début de la prédication de Mahomet, Livre où il était écrit qu'il ne fallait pas faire couler le sang.

L'extrait lu au Négus par le jeune cousin de Mahomet, Ja'far bin Abu Taleb, n'allait pas à l'encontre des dix commandements.

Ja'far expliqua au Négus qu'Allah leur avait envoyé un messager dont ils connaissaient les ancêtres, la sincérité et l'honnêteté. Ce messager les avait appelés à n'adorer qu'Allah seul et à rejeter les pierres et les idoles que leurs aïeux adoraient, à dire la vérité, à tenir leurs promesses, à respecter les liens familiaux et à protéger leurs voisins. Il leur avait interdit la

---

[63] Atallah, *Ibn Hichâm*, p. 111.

fornication, l'obscénité et la calomnie, ainsi que de répandre le sang et de priver les orphelins de leurs droits[64].

Puis Ja'far lut au Négus et à ses évêques le début de la sourate Marie :
(19,16) Mentionne, dans le Livre (le Coran), Marie, quand elle s'éloigna de sa famille en un lieu vers l'Orient
(19,17) Elle mit un voile entre elle et les siens. Nous lui envoyâmes Notre Esprit, qui se présenta à elle sous la forme d'un homme parfait.
(19,18) Elle dit : "Je me réfugie contre toi auprès du Tout Miséricordieux. Si tu crains Allah, [ne m'approche point].
(19,19) Il dit : "Je suis l'Envoyé de ton Seigneur pour (t'annoncer) le don d'un fils pur".
(19,20) Elle dit : "Comment aurais-je un fils, quand aucun homme ne m'a touchée, et je ne suis pas prostituée ?"
(19,21) Il dit : "Ainsi sera-t-il ! Ton Seigneur a dit « Cela M'est facile : Et Nous ferons de lui un signe pour les hommes, et une miséricorde de Notre part. L'affaire est décidée".
(19,22) Elle devient donc enceinte [de l'enfant], et elle se retira avec lui en un lieu éloigné.

Ce texte arracha des larmes à l'assistance, et le Négus déclara à Ja'far bin Abu Taleb que ce qu'il lisait procédait de la même source que sa propre foi chrétienne et il l'assura de sa protection.

Mais les envoyés des Quraych, qui connaissaient le christianisme, puisque de nombreux chrétiens pratiquaient librement et pacifiquement leur foi à la Mecque, réaffirmèrent au Négus que les disciples de Mahomet ne partageaient pas vraiment sa foi en Jésus-Christ.

Le roi abyssin demanda alors directement à Ja'far ce que les musulmans disaient de Jésus. Ja'far répondit que les musulmans croient que Jésus est un serviteur d'Allah, Envoyé d'Allah, Esprit et Verbe d'Allah, qu'Il a mis dans le sein de la Vierge Marie[65].

Il ne fut alors nullement question pour les disciples de Mahomet, réfugiés chez le roi chrétien Abyssin, d'expliquer au Négus qu'il était un infidèle impur et associationniste, qui devrait se soumettre à Mahomet ; ni de lui dire que les musulmans ne reconnaissaient pas le témoignage des Évangiles relatifs à la crucifixion et la résurrection du Messie, socles de la foi chrétienne

Ja'far ne chercha qu'à obtenir la protection du roi Abyssin en mettant en relief une adhésion à la foi en Jésus, Verbe d'Allah, né de la Vierge Marie.

---

[64] Guillaume, *The life of Muhammad, a translation of Ishaq's Sirat Rasul Allah*, p. 220.
[65] Atallah, *Ibn Hichâm*, p 115 ; Guillaume, p. 152.

L'islamiste Tariq Ramadan, évoque cette émigration en Abyssinie en relevant que le Négus avait entendu la « *double portée* » « *explicite et implicite* » du message, reconnaissant par-là l'existence d'un message implicite ambigu dans le discours musulman.

Pour dissiper tous les doutes pouvant être soulevés par les divergences problématiques du « message implicite » qui perce sous les exposés flous et contradictoires de l'Islam, Ramadan précise qu'Allah est le même Dieu que Yahvé, le Dieu unique, le même Dieu que celui des chrétiens et des juifs et ce quelles que soient les différences entre les croyances et les textes des trois religions.

Ramadan passe sous silence les instructions coraniques qui sont totalement contraires aux enseignements du Christ. Il n'explique pas pourquoi les chrétiens et les juifs sont jugés impurs et méritent la peine de mort s'ils s'approchent de la Mecque ou de Médine[66].

Il ignore volontairement les textes coraniques qui insultent les « infidèles » et appellent au meurtre des chrétiens et les juifs.

(5,51) Ô les croyants ! Ne prenez pas pour alliés les Juifs et les Chrétiens ; ils sont alliés les uns des autres. Et celui d'entre vous qui les prend pour alliés, devient un des leurs. Allah ne guide certes pas les gens pervers.

(9,29) Combattez ceux qui ne croient ni en Allah ni au Jour dernier, qui n'interdisent pas ce qu'Allah et Son messager ont interdit et qui ne professent pas la religion de la vérité, parmi ceux qui ont reçu le Livre, jusqu'à ce qu'ils versent la capitation par leurs propres mains, après s'être humiliés.

(9,30) Les Juifs disent : "Uzayr est fils d'Allah" et les Chrétiens disent : "Le Christ est fils d'Allah". Telle est leur parole provenant de leurs bouches. Ils imitent le dire des mécréants avant eux. Qu'Allah les anéantisse ! Comment s'écartent-ils (de la vérité) ?

L'étude des versets coraniques révèle en effet l'entretien chronique d'une culture du mépris et de la haine à l'égard des non-musulmans.

Chaque musulman pratiquant insulte les chrétiens et les juifs plusieurs fois par jour en récitant la Fatiha, qui dit que les juifs ont encouru la colère d'Allah et que les chrétiens sont des égarés[67].

---

[66] Ramadan, *Muhammad, vie du Prophète*, p. 116.

[67] Sami Aldeeb, *La Fatiha et la culture de la haine*.

En se basant sur les commentaires en arabe littéraire du Coran (bihâmich al-qur'ân al-karîm) des savants de l'islam tel que Tabari (839-923), Zamakhshari ou Fakhr ad-Dîn ar-Râzî, faisant consensus auprès de tous les exégètes musulmans. Commentaire de Tabari : verset 7 (*Al-Ladhīna 'An`amta `Alayhim*) : *humu*

(1,1) Au nom d'Allah, le Tout Miséricordieux, le Très Miséricordieux.
(1,2) Louange à Allah, Seigneur de l'univers.
(1,3) Le Tout Miséricordieux, le Très Miséricordieux,
(1,4) Maître du Jour de la rétribution.
(1,5) C'est Toi [Seul] que nous adorons, et c'est Toi [Seul] dont nous implorons secours.
(1,6) Guide-nous dans le droit chemin,
(1,7) le chemin de ceux que Tu as comblés de faveurs, non pas de ceux qui ont suscité Ta colère, ni des égarés.

Tentative d'obtenir un pacte de défense à Taif.

Les relations entre Mahomet et les Quraych demeurèrent tendues mais il continuait à prêcher et à glaner quelques fidèles. Puis Mahomet perdit en 619, à quelques mois d'intervalle, sa femme Khadija et son oncle Abu Taleb qui avaient été ses plus importants soutiens. Avant la mort d'Abu Taleb, les Quraych avaient encore tenté sans succès de décrocher, par son intermédiaire, un accord de non-belligérance avec son neveu[68].

La situation de Mahomet semblait d'autant plus difficile que sa famille et ses proches, auxquels il avait demandé de le reconnaître comme envoyé d'Allah, et de lui obéir[69], avaient choisi pour chef Abu Lahab, un de ses oncles qui s'était opposé vigoureusement à ses prétentions et à ses plans.

L'émigration en Abyssinie des disciples de Mahomet n'avait pas apporté à ce dernier un soutien concret à la Mecque. Mahomet, constatant sans doute qu'avec des moyens plus restreints par sa nouvelle situation il lui était difficile d'augmenter le nombre de ses adeptes, qui était resté très limité, se rendit dans la ville voisine de Taif pour convaincre les habitants de l'accepter parmi eux comme envoyé d'Allah.

---

almalâ'ikatu wa an-nabiyyûna wa aS-Siddîqûna wa achuhadâ'u wa as-sâlihûna (al-maghDûb `Alayhim) : humu al-yahûd (les juifs)(W a Lā-d̄-Đāllīna) : humu an-naSârâ (les chrétiens). Ces commentaires, ainsi que de nombreux autres écrits depuis les premiers temps de l'islam jusqu'aux commentaires des exégètes actuels, se basent essentiellement sur les 2 sourates et le hadith suivants : *[Coran V, 60] « Dieu a transformé en singes et en porcs ceux qu'Il a maudits, ceux contre lesquels Il est courroucé. » ; [Coran V, 77] « qui se sont égarés autrefois et qui en ont égaré beaucoup d'autres hors du droit chemin. »* [Ady Ben Hatem a dit : *«J'ai demandé à l'envoyé d'Allah - qu'Allah le bénisse et le salue - au sujet de ceux qui sont désignés par ce verset : (Non le chemin de ceux qui ont encouru Ta colère), il me répondit: "Ce sont les juifs, quant aux égarés ce sont les chrétiens". »*
[68] Atallah, *Ibn Hichâm*, p. 150.
[69] Guillaume, *The life of Muhammad, a translation of Ishaq's Sirat Rasul Allah*, p. 117.

Mahomet se présenta à Taif aux trois frères qui étaient les notables de la ville. Il les appela à croire en Allah et en son messager, à le soutenir dans sa mission et à le protéger contre ceux des Quraych qui s'opposaient à lui[70].

Les frères répondirent par des sarcasmes. L'un d'eux déclara qu'il était prêt à arracher les voiles de la Ka'ba et à les jeter par terre si Mahomet était vraiment l'envoyé d'Allah. Le second lui demanda avec mépris comment Allah n'avait pas trouvé un autre envoyé. Enfin le troisième avec humour refusa de discuter avec lui, parce que s'il était un envoyé d'Allah il était trop important et s'il était un menteur il ne fallait pas non plus lui parler[71].

La *Sirâ* précise que Mahomet demanda à ses hôtes de garder leur entrevue secrète pour ne pas susciter davantage d'hostilité chez ses opposants mecquois qui se méfiaient de ses tentatives de prise de pouvoir; mais les trois frères, loin de rester discrets, soulevèrent la foule contre lui. Mahomet, insulté et houspillé, se serait réfugié dans un jardin qui appartenait aux deux frères Utba et Chayba ibn Rabî'a. Utba était le père de Hind bint Utba, l'épouse du principal opposant de Mahomet, Abu Sufyan.

Sur le chemin du retour de Taif, Mahomet aurait converti un groupe de sept *djinns* (esprits) en leur lisant le Coran, et les *djinns* témoignèrent plus tard avoir entendu lire un Livre révélé confirmant les enseignements de Moïse.

(46, 29) Note, Nous dirigeâmes vers toi une troupe de djinns pour qu'ils écoutent le Coran. Assistant [à sa lecture] ils dirent : "Ecoutez attentivement"... Puis, quand ce fut terminé, ils retournèrent avertir leur peuple.

(46,30) Ils dirent : "Ô notre peuple ! Nous avons entendu un Livre révélé après Moïse, confirmant les Écrits antérieurs. Il guide vers la vérité et vers un chemin droit.

Préparation de l'émigration à Yathrib, pactes de soumission et de guerre.

Réalisant qu'il ne parvenait pas à venir à bout du scepticisme des Quraych et échaudé sans doute par l'échec de sa tentative solitaire à Taif, où il avait été tourné en ridicule par des esprits sceptiques, Mahomet prépara méthodiquement le terrain en vue de pouvoir émigrer dans de bonnes conditions à Yathrib, ville d'origine de sa mère et où il avait de la famille. Les agriculteurs et artisans de Yathrib, qui deviendra Médine, avaient la réputation d'être des personnes simples et crédules, contrairement aux

---

[70] Guillaume, *The life of Muhammad, a translation*, p.192.
[71] Guillaume, *The life of Muhammad, a translation of Ishaq's Sirat Rasul Allah*, p.192.

commerçants Mecquois. Manifestement libre de ses mouvements, il allait à la rencontre des nomades et cultivateurs arabes qui venaient à la Mecque et leur expliquait sa mission

Yathrib, située à plusieurs dizaines de kilomètres au Nord-Ouest de la Mecque, était devenue, selon la *Sirâ*, un prospère centre agricole grâce aux tribus juives, Banu Nadir, Banu Qurayza et Banu Qaynouqa, qui s'y étaient installées depuis plusieurs siècles.

L'historien Philippe Hitti considère qu'en se basant sur leurs noms propres et le vocabulaire araméen utilisé pour leurs activités agricoles, ces juifs étaient sans doute des Arabes judaïsés, avec des israélites réfugiés là dès le premier siècle après Jésus-Christ[72].

Des Arabes venus du Yémen, dont les deux grandes tribus des Aws et des Khazraj, s'étaient également installés à Yathrib. Ils s'étaient alliés aux tribus juives. Il y avait même des mariages entre arabes et juifs. La famille maternelle de Mahomet, les Banu Najjar, appartenait à la tribu des Khazraj[73].

Mahomet aurait établi un premier contact avec des hommes de Yathrib deux ans environ avant son émigration. Selon la *Sirâ*, il aborda quelques hommes de la tribu des Khazraj, venus en pèlerinage, en leur demandant s'ils étaient les métayers des juifs de Yathrib[74], question qui révèle une connaissance assez précise des relations sociales des habitants de l'oasis. Il se présenta à eux comme l'envoyé d'Allah.

Lorsqu'il a commencé à recruter des disciples, Mahomet affirmait que ses enseignements étaient la version en langue arabe des enseignements de Moïse et de Jésus. Son rôle prophétique ne concernait donc pas alors les juifs de Yathrib (qui deviendra Médine lorsque Mahomet s'y installa). L'on peut placer à cette époque, où le prophète de l'islam ne cherchait pas encore à contraindre les juifs à la soumission, et où il avait besoin de leur sympathie, les enseignements des versets (26, 192-199) les prenant à témoins pour justifier son rôle.

(26,192) Ce (Coran) ci, c'est le Seigneur de l'univers qui l'a fait descendre,
(26,193) et l'Esprit fidèle est descendu avec cela
(26,194) sur ton cœur, pour que tu sois du nombre des avertisseurs,
(26,195) en une langue arabe très claire.

---

[72] Philippe K. Hitti, *History of the Arabs*, p.104.
[73] Guillaume, *The life of Muhammad*, p. 208.
[74] Atallah, *Ibn Hichâm*, p. 157.

(26,196) Et ceci était déjà mentionné dans les Écrits des anciens (envoyés).
(26,197) N'est-ce pas pour eux un signe, que les savants des Enfants d'Israël le sachent?
(26,198) Si Nous l'avions fait descendre sur quelqu'un des non-Arabes,
(26,199) et que celui-ci le leur eut récité, ils n'y auraient pas cru.

Les interlocuteurs de Mahomet furent convaincus, comme l'avaient été les jeunes Mecquois. La perspective d'avoir un prophète et un Livre – venu du ciel – dans leur langue flattait également l'orgueil identitaire des Arabes. Il réussit à convaincre les Arabes de Yathrib qu'il pourrait arbitrer leurs différends et être un homme de paix, surtout que les Quraych étaient réputés pour leur sagesse *(Hilm)* et leur tolérance.

Exigence de soumission ! Premier pacte d'Aqaba.

L'année suivante, à l'occasion du pèlerinage, une douzaine d'Arabes de Yathrib, représentant les Khazraj mais aussi les Aws, se présentèrent à Aqaba pour manifester leur adhésion aux propositions de Mahomet.

Ibn Hichâm, biographe officiel de Mahomet, précise que les conditions requises pour devenir disciples de Mahomet étaient encore pacifiques lors de cette rencontre au cours de laquelle fut conclu, en 621, le premier accord d'Aqaba. Il suffisait de déclarer qu'il n'y avait de dieu qu'Allah et que Mahomet était son envoyé, mais il était demandé, en plus, aux nouveaux disciples de s'engager également à ne pas désobéir à Mahomet[75].

Mahomet envoya alors Muç'ib ibn 'Umayr à Yathrib pour faire étudier le Coran aux nouveaux convertis. Muç'ib ibn 'Umayr sera appelé *Al-Mouqri* (le lecteur). La tradition raconte que Muç'ib convertit des chefs de clans en leur « lisant le Coran » et en leur demandant de se purifier, de prier et d'être témoins de vérité[76].

Le grand nombre de fois où des versets du Coran ainsi que la *Sirâ* évoquent l'existence d'un Livre – dont des passages ont été lus au Négus, aux djinns, aux habitants de Yathrib – tout comme la fonction précise de « lecteur » assignée à Muç'ib ibn 'Umayr, attestent de l'existence d'un Livre dans lequel ne se trouvaient pas les enseignements violents sur la base desquels s'édifia l'islam à Médine, et qui abrogèrent les textes mecquois non violents.

---

[75] Guillaume, *The life of Muhammad*, p. 198.
[76] Atallah, *Ibn Hichâm*, p. 157-158; Guillaume, *The life of Muhammad*, p. 200.

Deuxième pacte à Aqaba : douze signataires et anticipation guerrière.

En 622, ce sont soixante-treize hommes et deux femmes qui retrouvèrent Mahomet, accompagné de son oncle Abbas, à Aqaba[77]. Le serment d'allégeance (*baiy'a*) et la profession de foi habituelle incluaient cette fois une clause de défense mutuelle[78].

Le récit du deuxième pacte, rapporté par la tradition musulmane, révèle nettement la volonté d'établir un parallélisme entre Jésus et Mahomet ; l'incompréhension du rôle, de la personnalité et de la dimension spirituelle du Messie y est flagrante.

Selon la *Sunna*, au cours de cette réunion, qui sera connue sous le nom d'Aqaba II, lorsque Mahomet a demandé à douze hommes de s'engager au nom de leurs clans, neuf chefs des Khazraj et trois des Aws s'avancèrent. Le choix du nombre douze indique le désir évident d'établir un rapprochement avec les douze apôtres et de mettre Mahomet et Jésus au même niveau.

Mahomet manifeste clairement son ambition lorsqu'il demande aux douze délégués de se porter garants de leur clan tout comme les apôtres le furent avec Jésus fils de Marie et comme Jésus lui-même le fut pour son peuple (selon Mahomet). La garantie de protection dans le cas de Mahomet était indiscutablement un accord de guerre; les délégués devaient s'engager à combattre pour défendre Mahomet comme ils protègeraient leurs femmes et leurs enfants contre toute attaque[79].

Tout le christianisme est perverti dans ce récit. Croire que Jésus, qui serait Issa fils de Mariam, aurait conclu un pacte de guerre avec les apôtres révèle une appréhension totalement aberrante de la personnalité du Messie. Issa (Jésus) serait, selon Mahomet, un grand prophète qui se comportait comme un vulgaire chef de bande, prêt à recourir à la violence et à tuer.

Abbâs aurait, ce jour-là, précisé aux douze chefs qu'ils devaient s'engager à ne pas se désolidariser de Mahomet, dès que leurs notables seraient tués ou leurs biens spoliés, et à combattre pour lui tout homme qu'il fut blanc ou noir.

Les participants ont alors fait part à Mahomet de leur inquiétude de se retrouver sans alliés, ce qui semble impliquer qu'en vertu du serment

---

[77] Atallah, *Ibn Hichâm*, p. 158-162.
[78] Guillaume, *The life of Muhammad*, p. 208.
[79] Atallah, *Ibn Hichâm* p. 160; Guillaume, *The life of Muhammad*, p. 204.

d'allégeance, qui les liait désormais à lui, ils rompaient les alliances déjà forgées avec d'autres clans ou d'autres personnes qui ne faisaient pas partie du groupe des fidèles de Mahomet.

Mahomet a rassuré ses interlocuteurs en leur déclarant que leur sang était le sien et leur destruction la sienne, et que lui-même combattrait ou ferait la paix à leur côté, conformément à la formule rituelle du serment de défense mutuel tribal arabe de l'époque[80].

Les Quraych entendirent parler le lendemain de l'existence d'un pacte de guerre entre Mahomet et des habitants de Yathrib. Mais les Arabes de Yathrib interrogés, dont la majorité n'avait pas participé à cette réunion secrète, nièrent en toute bonne foi.

Les deux baiy'a : perspectives de violence et totalitarisme.

S. Stétié souligne que le premier serment d'allégeance, « *baiy'a al-oula* », prêté lors du premier serment d'Aqaba est connu dans la tradition comme « *baiy'a an-Nissaa* », (serment des femmes), car ce serment ne comportait que des prescriptions et interdictions morales ainsi que l'obligation d'être soumis à Mahomet.

La seconde *baiy'a* envisageait déjà l'implication de la violence et de la guerre avec l'obligation de combattre pour Mahomet[81].

Ibn Hichâm précise bien, selon la *Sirâ*, que le prophète de l'islam n'avait pas eu l'autorisation d'Allah de déclarer la guerre, ni de faire couler le sang, avant le second pacte d'Aqaba[82].

Si Mahomet avait usé de violence, à l'époque où il vivait à la Mecque, il ne pouvait espérer gagner, avec son petit nombre de disciples, face à l'organisation tribale mecquoise de défense, surtout que le chef de son propre clan familial était son oncle Abu Lahab qui était totalement opposé à ses projets.

Mais on peut supposer qu'il envisageait depuis longtemps de prendre le pouvoir par la force, car il avait déjà proposé aux Thaqif (les tribus de Taif) un pacte de défense. Peut-être espérait-il déjà une aide militaire lorsqu'il a envoyé ses fidèles chez le Négus.

---

[80] *Ibn Hichâm*, pp. 159-160; Guillaume, *The life of Muhammad*, p.205.
[81] Salah Stétié, *Mahomet*, p. 123.
[82] *Ibn Hichâm*, p. 162-163.

Le terme *baiy'a*, qui est toujours en usage pour la prestation du serment d'allégeance en islam, signifie littéralement « une vente[83] ».

Les études islamiques présentent toujours Jésus comme un grand prophète, aimé d'Allah, qui s'est comporté en chef de bande prêt à tuer et qui a conclu des accords de défense avec ses douze disciples.

Le Christ du Nouveau Testament, bien que présenté par Ja'far au Négus comme fils de la vierge Marie, Esprit de Dieu, Verbe de Dieu selon le Livre reçu par Mahomet, est ignoré au profit d'une dimension guerrière et politique particulière à l'islam et qui est totalement contraire à l'essence même du christianisme.

La confusion quant à la nature du Christ, dont les musulmans fondamentalistes se réclament, nourrit une perception d'un dieu guerrier et persécuteur qui ne peut qu'aboutir à toujours plus de violence et de terrorisme.

Implication des monastères, églises, et synagogues dans les conflits de Mahomet.

Le deuxième accord d'Aqaba avait été conclu entre les tribus arabes de Yathrib et Mahomet qui se présentait toujours comme l'envoyé d'Allah chargé de faire connaître aux Arabes, en arabe, les Écritures déjà révélées à d'autres peuples.

Il n'y avait pas de représentants des tribus juives de Yathrib à Aqaba, mais l'établissement sans aucun problème de Mahomet et de ses disciples à Yathrib prouve qu'elles ne s'opposèrent pas à son installation dans leur oasis.

Les juifs de Yathrib qui cohabitaient avec les Arabes depuis des siècles accueillirent Mahomet et ses disciples alors que les musulmans réfugiés en Abyssinie chrétienne s'y trouvaient toujours en sécurité.

De nombreux Arabes étaient chrétiens ou juifs et les Mecquois n'étaient manifestement pas en guerre avec eux.

Aussi le verset (22,40), qui évoque la défense des mosquées, des églises, ermitages et synagogues, semble destiné à encourager l'implication des juifs et des chrétiens aux côtés de Mahomet dans ses projets guerriers.

Les fidèles des églises, ermitages et synagogues, qui vivaient libres en bonne entente avec les « païens » arabes, seront bientôt réduits par Mahomet, leur « défenseur », à la dhimmitude.

---

[83] «Literally sale », Hitti. *History of the Arabs*, p. 184.

(22,40) Ceux qui ont été expulsés de leurs demeures simplement parce qu'ils disaient : " notre Seigneur est Allah ". - Si Allah ne contrôlait pas un groupe de personnes par le biais d'un autre, les ermitages seraient détruits, ainsi que les églises, les synagogues et les mosquées où le nom d'Allah est beaucoup invoqué. Allah assistera, certes, ceux qui soutiennent sa cause. Allah est assurément Fort et Puissant,

Notons que contrairement à ce que déclare le verset (22, 40) Mahomet et ses disciples n'ont pas été expulsés de leurs demeures. Leur émigration a été préparée en cachette et ils ont émigré contre la volonté de leurs familles mecquoises.

Émigration à Yathrib et désespoir des familles mecquoises.

Ibn Hichâm, le biographe officiel de Mahomet, écrit que ses fidèles voyagèrent à Yathrib par vagues successives malgré l'opposition des familles, tristes de voir partir leurs enfants[84].

Il décrit l'opposition à laquelle fut confronté un des premiers émigrants, Abd-Allah Abu Salama. Les Banu Mughîra l'empêchèrent d'emmener sa femme Umm Salama qui était de leur clan. Mais au bout de quelques temps, les Mecquois se laissèrent attendrir par le chagrin d'Umm Salama et la laissèrent partir accompagnée de son fils. Elle aurait même été conduite à Yathrib par le Mecquois non-musulman 'Uthman ibn Talha[85].

Les Quraych auraient cherché à empêcher par la force certains de leurs jeunes, comme Hichâm ibn al Âç, de partir[86]. Ils tentèrent d'en récupérer certains par la ruse, comme ils le firent avec 'Ayache ibn Abu Rabî'a. Les musulmans n'ont donc manifestement pas été chassés de leurs demeures à la Mecque.

Ibn Hichâm précise même qu'après le départ des disciples de Mahomet, en observant les nombreuses maisons abandonnées son oncle, Abu Lahab, releva, avec tristesse, que son neveu avait rompu les liens qui unissaient les Quraych et dispersé leur communauté[87].

On observe constamment dans la biographie de Mahomet une diabolisation des Mecquois, les intentions les plus machiavéliques sont prêtées aux personnes qui s'opposaient à lui, mais en fait les personnes qui

---

[84] Atallah, *Ibn Hichâm*, p.163-164.
[85] Guillaume, *The Life of Muhammad*, p. 213.
[86] *Ibn Hichâm*, p. 165-166.
[87] Atallah, *Ibn Hichâm*, p. 165; *Sira I*, p. 468-474.

gênaient Mahomet furent pratiquement toutes tuées ou se résignèrent finalement à la soumission.

Il est écrit que les Mecquois, constatant que Mahomet envoyait ses alliés à Yathrib/Médine et craignant qu'il ne s'y rende puis leur fit la guerre – ce qu'il fit précisément– tinrent conseil pour décider des mesures à prendre contre lui.

Au cours de cette réunion à laquelle se serait joint *Ibliss* (Satan) sous les traits d'un vénérable vieillard, Abu Jahl aurait proposé qu'un groupe de jeunes gens, choisis dans chaque tribu, tue Mahomet en le frappant ensemble[88].

Mais, en ce qui évoque un rappel de la fuite en Égypte de la Sainte Famille, l'ange Gabriel serait venu prévenir Mahomet de ne pas dormir à l'endroit où il avait l'habitude de le faire. Mahomet, en lançant de la terre sur la tête des Quraych qui gardaient sa porte, put sortir de chez lui sans être vu après avoir installé Ali à sa place, dans son lit, enroulé dans son manteau vert[89] ; puis il aurait immédiatement mis à exécution son émigration à Yathrib, longuement préparée avec toutes les mesures nécessaires pour être à l'abri de tout risque[90].

Mahomet et Abu Bakr, qui l'accompagnait, se seraient alors cachés trois jours dans une grotte située non loin de la Mecque.

Les filles d'Abu Bakr, qui n'étaient manifestement pas surveillées et qui pouvaient circuler librement comme toutes les femmes de la Mecque préislamique, ont pu venir ravitailler les deux voyageurs avant qu'ils ne se décident à se remettre en route lorsqu'ils estimèrent que l'effervescence causée par leur départ était tombée. Un fils d'Abu Bakr, aussi peu surveillé que ses sœurs, espionnait les Mecquois et venait rapporter les nouvelles à son père.

Un berger fut chargé de venir avec ses brebis effacer les traces de pas des personnes qui se rendaient à la grotte.

Cette émigration, très prudemment et soigneusement organisée, en cachette et contre la volonté des Quraych, se conclut par l'arrivée de Mahomet et Abu Bakr à Yathrib, sains et saufs, accompagnés d'un domestique le 16 juillet 622.

---

[88] *Ibn Hichâm,* pp. 171-172; *The Life of Muhammad*, p. 221.
[89] Guillaume, *The Life of Muhammad*, p. 223.
[90] Guillaume, *The Life of Muhammad*, p. 225.

Il est évident que Mahomet a toujours pu circuler à la Mecque sans problèmes sérieux, même après les décès de son épouse Khadija et de son oncle Abu Taleb. Il a pu convertir des Arabes qui venaient en pèlerinage, dresser les membres des familles mecquoises les uns contre les autres, tenter d'obtenir à Taif des soutiens pour sa lutte contre les Quraych, convertir des Arabes de Yathrib, conclure les deux pactes d'Aqaba, dont le second était un pacte de guerre dirigé contre les Quraych, faire émigrer de nombreux Mecquois qui étaient ses disciples, puis quitter la Mecque sans grandes difficultés.

Ali, qui avait pris la place de Mahomet dans le lit où, selon la *Sirâ*, l'ange Gabriel aurait recommandé à ce dernier de ne pas dormir, n'a subi aucune violence ni attaque et a pu continuer à mettre de l'ordre dans ses affaires ainsi que dans celles de son cousin qui avait quitté la ville.

III

Yathrib, début de l'ère islamique

Lorsque les salafistes musulmans évoquent un retour à l'islam des premiers temps, c'est de l'islam de Yathrib/Médine dont ils parlent, car le début de l'ère musulmane fut fixé par le calife Omar au 16 juillet 622, date de l'arrivée de Mahomet à Yathrib.

Avant l'émigration à Yathrib, c'est la *jahiliyya*, (l'ignorance) qui régnait en Arabie; une *jahiliyya* que les musulmans apprennent à exécrer et qui fut combattue et détruite par Mahomet – qui imposa son islam à toute l'Arabie

L'étude de cette période de grande violence, qui a vu l'établissement de la première cité musulmane régie par l'idéal social et politique de Mahomet, est absolument indispensable pour comprendre la terreur de l'islam fondamentaliste.

C'est donc en 622, année du début de la reconquête lancée par Héraclius, empereur de Byzance, qui reprit Jérusalem et les territoires envahis par le Perse Khosrô II, que les historiens et savants musulmans situent l'émigration à Yathrib de Mahomet et le début de l'édification de sa société idéale qui inspire les musulmans fondamentalistes contemporains.

Arrivé à Yathrib, qui sera bientôt Médine, Mahomet acheta un terrain un peu loin du centre et y fit construire son domicile doté d'une douzaine de pièces avec un lieu de réunion et de prière attenant[91], la mosquée.

La vie sociale en Arabie préislamique était démocratiquement gérée par des consensus obtenus au cours de réunions où les familles étaient représentées par les chefs qu'elles se choisissaient.

À la Mecque, Mahomet n'avait pas réussi à s'imposer parmi les responsables. Sa famille avait refusé de l'élire pour la représenter, bien qu'il ait annoncé avoir été choisi par Allah pour guider les Arabes.

Sa famille lui avait préféré son oncle Abu Lahab, qui avait encouragé le mariage de deux de ses fils à deux filles de Mahomet mais qui était totalement opposé aux projets grandioses de son neveu. Des versets coraniques reflètent l'immense haine que Mahomet vouait à son oncle.

(111,1) Que périssent les deux mains d'Abu-Lahab et que lui-même périsse.
(111,2) Sa fortune ne lui sert à rien, ni ce qu'il a acquis.

---

[91] Atallah, *Ibn Hichâm*, p.179-180.

(111,3) Il sera brûlé dans un Feu plein de flammes.
(111,4) de même sa femme, la porteuse de bois,
(111,5) à son cou, une corde de fibres.

Au cours d'une altercation, Abu-Lahab, âgé et malade, fut gravement blessé à la tête, avec un pieu de tente, par une de ses belles-sœurs devenue disciple de Mahomet. Le vieil homme mourut des suites de sa blessure[92].

La situation de Mahomet à Yathrib/Médine fut immédiatement plus favorable à la mise en œuvre de ses projets, puisqu'il réussit à se faire accepter comme chef de la tribu de sa mère les Banu Najjar et put devenir, à ce titre, l'un des décideurs de la ville[93].

Alors que son installation dans l'oasis progressait, Mahomet put également organiser et imposer sans entraves la vie publique et les nouvelles pratiques rituelles de sa communauté.

Pour appeler ses disciples à la prière, Mahomet songea d'abord à utiliser un cor, à l'instar des juifs, puis il utilisa une cloche, comme les chrétiens. Sur les recommandations de ses compagnons, il finit par choisir la proclamation sonore et publique qu'il n'y a de divinité qu'Allah et que Mahomet est son messager, affirmation bruyante toujours diffusée du haut des minarets de nos jours[94].

Les tensions dans l'oasis s'accrurent avec la présence de nombreux jeunes émigrés désœuvrés; et les exigences de Mahomet, relatives à l'importance politique de son rôle d'envoyé d'Allah, ne tardèrent pas à se multiplier.

Quelques juifs se seraient convertis à l'islam, mais la majorité exprimait ses doutes et son scepticisme quant au rôle que Mahomet revendiquait ainsi qu'au sujet de ses enseignements. Les rabbins posaient des questions que Mahomet jugeait offensantes.

Tous les penseurs musulmans, fondamentalistes ou réformateurs, de Sayed Qutb à Mahmoud Mohamed Taha, s'accordent à constater l'évolution des enseignements de Mahomet après l'hégire à Yathrib/Médine.

Mais, alors que Mahmoud Mohamed Taha a tenté de faire valoir la prééminence des versets non-violents de la Mecque, manifestement inspirés par les enseignements judéo-chrétiens, les musulmans fondamentalistes,

---

[92] Ramadan, *Muhammad*, p. 190.

[93] Atallah, *Ibn Hichâm*, p.181-182.

[94] Atallah, *Ibn Hichâm*, p. 182-183; Guillaume, *The life of Muhammad*, p. 235.

tels Sayyid Qutb et Hassan al Banna, enseignent que les versets non violents ont été abrogés par Mahomet lui-même au profit d'une terreur que l'envoyé d'Allah a fait régner à Yathrib et dans toute l'Arabie.

(2,106) Si Nous abrogeons un verset quelconque ou que Nous le fassions oublier, Nous en apportons un meilleur, ou un semblable. Ne sais-tu pas qu'Allah est Omnipotent ?

(16,101) Quand Nous remplaçons un verset par un autre - et Allah sait mieux ce qu'Il fait descendre- ils disent : "Tu n'es qu'un menteur". Mais la plupart d'entre eux ne savent pas.

Le verset (4,77) justifie l'interprétation des musulmans salafistes, qui considèrent qu'Allah a bien aboli les versets pacifiques et ordonné la violence.

(4,77) N'as-tu pas vu ceux auxquels on avait dit : "Abstenez-vous de combattre, accomplissez la Salat et acquittez la Zakat !" Puis lorsque le combat leur fut prescrit, voilà qu'une partie d'entre eux se mit à craindre les gens comme on craint Allah, ou même d'une crainte plus forte encore, et à dire : "Ô notre Seigneur ! Pourquoi nous as-Tu prescrit le combat ? Pourquoi n'as-Tu pas reporté cela à un peu plus tard ?" Dis : "La jouissance d'ici-bas est éphémère, mais la vie future est meilleure pour quiconque est pieux. Et on ne vous lésera pas fût-ce d'un brin de noyau de datte.

Après l'hégire, Mahomet enseigne effectivement que l'effort *(jihad)* qu'Allah exige est guerrier. Un verset *(âya)* rendant légitime l'acte de verser le sang est révélé[95].

(22,39). Ceux qui ont été attaqués sont autorisés à se défendre (se battre) parce qu'ils sont lésés ; et Allah est certes Capable de les secourir.

Pour justifier la guerre contre les Mecquois, Mahomet a invoqué les attaques et expulsions dont ont été victimes ses disciples. Or, l'histoire de l'islam montre bien les efforts désespérés des familles qurayshites pour empêcher leurs proches (souvent leurs enfants) de partir.

Le premier verset autorisant de faire la guerre sera suivi peu de temps après, comme le note S. Stétié[96], par un verset encore plus décisif confirmant le premier ordre qu'Allah aurait donné de tuer son prochain s'il refuse de se soumettre :

(2,191) Et tuez-les, partout où vous les saisissez ; et chassez-les d'où ils vous ont chassés : la subversion et l'oppression sont pires que le meurtre. Mais ne les combattez pas près de la Mosquée sacrée à moins qu'ils ne vous y aient combattus ; mais s'ils vous y combattent, tuez-les. Telle est la récompense des mécréants.

---

[95] Stétié, *Mahomet*, Pygmalion, Gérard Watelet, p.130.
[96] Stétié, *Mahomet*, p. 131.

Pour les musulmans fondamentalistes, tels Hassan al Banna et Sayyid Qutb, ce sont les derniers versets, concernant la guerre et le meurtre, autorisés, avant d'être rendus obligatoires, par Allah à Médine[97] qui sont prééminents et définitifs.

Les disciples de Mahomet sont sommés de faire la guerre sans états d'âme et de refuser la paix lorsqu'ils sont en position de force.

(2,216) Le combat vous a été prescrit et vous l'avez en aversion. Or, il se peut que vous ayez de l'aversion pour une chose alors qu'elle est pour vous un bien. Et il se peut que vous aimiez une chose alors qu'elle vous est nuisible. Allah sait et vous ne savez pas.

(9.111) Certes, Allah a acheté des croyants, leurs personnes et leurs biens en échange du Paradis. Ils combattent dans le sentier d'Allah : ils tuent, et ils se font tuer.

(47,35) Ne soyez pas faibles et n'appelez pas à la paix alors que vous êtes les plus forts et qu'Allah est avec vous. Il ne vous frustrera jamais [du bénéfice] de vos œuvres.

Nasr Hamid Abu Zayd déplore l'enseignement, dans l'ensemble du monde musulman, de l'islam violent et totalitaire que Mahomet a fait régner à Yathrib/Médine[98]; mais Sayyid Qutb soutient sans réserve cette sanctification de la guerre.

Sayyid Qutb ne se contente d'ailleurs pas de cautionner la prééminence des enseignements coraniques violents de Médine. Tenant sans doute pour véridiques les récits islamiques relatifs aux accords de défense que *Issa* (Jésus) aurait conclus avec ses disciples, il condamne le christianisme et les chrétiens qu'il accuse d'avoir remplacé le véritable Évangile, qui prônait le jihad, par des enseignements pacifistes[99].

Les victimes potentielles de la violence islamique ne se limitent pas aux non-musulmans. En vertu du verset (9,107) les faux musulmans et les musulmans hypocrites font partie des ennemis à abattre.

(9, 107) Ceux qui ont édifié une mosquée par incroyance et opposition pour désunir les croyants, et comme avant-poste pour ceux qui auparavant avaient combattu Allah et Son Envoyé. Ils jurent en disant : "Nous ne voulions que le bien !" [Ceux-là], Allah atteste qu'ils mentent.

Doutes face aux appels à la guerre.

La grave évolution des enseignements de Mahomet n'a pas été sans causer des états d'âme chez les habitants de Yathrib/Médine, qui savaient

---

[97] Carré. *Mystique et politique*, p. 252.
[98] Nasr Hamid Abou Zeid, *Critique du discours religieux,* p 191.
[99] Carré. *Mystique et politique*, p. 248.

que le Dieu des juifs et des chrétiens recommandait la prière et la charité et interdisait de faire couler le sang, surtout qu'ils avaient accueilli en Mahomet un pacificateur et un conciliateur.

Le verset (44,77) reflète les interrogations et les débats relatifs à cette soudaine et dramatique transformation :

(44,77) N'as-tu pas vu ceux auxquels on avait dit : « Abstenez-vous de combattre, accomplissez la Salat et acquittez la Zakat"! Lorsque l'ordre de combattre leur fut prescrit, une partie d'entre eux craignant les hommes comme ils auraient dû craindre Allah ou même plus encore se sont écriés : « Ô notre Seigneur ! Pourquoi nous as-Tu prescrit le combat ? Pourquoi ne nous accordes-Tu pas de répit jusqu'à plus tard ? » Dis : « La jouissance d'ici-bas est éphémère, mais la vie future est meilleure pour quiconque est pieux. Et on ne vous lésera pas fût-ce d'un brin de datte. »

Selon la biographie officielle de Mahomet, ce sont ces ordres divins de tuer qui furent à l'origine d'une opposition des juifs à ses enseignements. En effet, des rabbins auraient posé des questions au prophète de l'islam au sujet de l'ange Gabriel qui l'inspirait.

Ils lui auraient déclaré que pour eux un ange qui vient pour appeler à la violence et à faire couler le sang ne pouvait être qu'un ennemi et qu'ils ne peuvent le suivre à cause de cet enseignement[100] ; déclaration à laquelle Mahomet aurait répondu que celui qui rejette ce que Gabriel avait déposé dans son cœur (celui de Mahomet) avec la permission d'Allah, et qui est une « confirmation de ce qui était avant », était un ennemi d'Allah.

Le récit d'Ibn Hichâm doit être comparé avec un ouvrage chrétien écrit avant 640, la *Doctrina Jacobi*, dans lequel se trouve une lettre adressée par un certain Abraham, résidant à Césarée, à son frère.

Abraham y annonce la victoire des Arabes à la bataille de Gaza en 634. Il raconte qu'un ancien versé dans les Écritures lui a déclaré que le prophète des Arabes qui proclamait la venue du Messie était un faux prophète, car les prophètes ne viennent pas armés pour lancer des guerres. L'auteur de la lettre ajoute qu'ayant poussé plus loin son enquête, il a appris que rien n'était authentique chez ce prétendu prophète qui ne parlait que d'effusion de sang et qui prétendait détenir les clefs du Paradis[101].

À Yathrib/Médine, un Arabe des Aws (probablement chrétien, car il était surnommé *al Rahib,* ce qui signifie le moine) demanda à Mahomet de

---

[100] Guillaume, *The life of Muhammad*, p. 255.
[101] Gallez, *Le messie et son prophète : Tome II*, p. 109-110.

préciser quelle était la religion qu'il apportait. Mahomet lui répondit que c'était le *hanafisme*, la religion d'Abraham.

Al Rahib aurait répondu que c'était bien là la religion que lui-même suivait, mais que Mahomet y avait introduit des éléments qui n'en faisaient pas partie[102]. *Al Rahib* finira par quitter Yathrib avec des habitants qui partageaient sa foi.

Les musulmans pacifiques accusés d'être des hypocrites

Des versets coraniques menacent les hypocrites (*munâfiqûn*) de Yathrib qui cherchaient à éviter la guerre[103], les accusant notamment de refuser de participer aux expéditions guerrières par crainte de la mort.

(33,12) Et quand les hypocrites et ceux qui ont la maladie [le doute] au cœur disaient : "Allah et Son messager ne nous ont promis que tromperie".

(33,13) De même, un groupe d'entre eux dit : "Gens de Yathrib ! Votre place n'est pas ici. Retournez [chez vous]". Certains d'entre eux demandèrent au Prophète la permission de partir en disant : "Nos demeures sont sans protection", alors qu'elles ne l'étaient pas : ils ne voulaient que s'enfuir.

(33,14). Et si une percée avait été faite sur eux par les flancs de la ville et qu'ensuite on leur avait demandé de renier leur foi, ils auraient accepté certes et n'auraient guère tardé, (33,15) tandis qu'auparavant ils avaient pris l'engagement envers Allah qu'ils ne tourneraient pas le dos. Et il sera demandé compte de tout engagement vis-à-vis d'Allah.

(33,16) Dis : "La fuite ne vous sera pas utile si vous fuyez la mort ou le meurtre (à la guerre) ; même si vous échappez, vous ne jouirez que d'un bref répit".

Les disciples de Mahomet qui s'insurgent contre l'obligation qui leur est faite de combattre sont traités de mécréants.

(3, 167) Qu'Il distingue les hypocrites. On leur avait dit : "Venez combattre dans le sentier d'Allah, ou repoussez [l'ennemi]", ils dirent : "Bien sûr que nous vous suivrions si nous savions combattre". Ils étaient, ce jour-là, plus près de la mécréance que de la foi. Ils disaient avec leurs bouches ce qui n'était pas dans leurs cœurs. Et Allah savait bien tout ce qu'ils cachaient.

(3,168.) Ceux qui étaient restés dans leurs foyers dirent : "S'ils nous avaient obéi, ils n'auraient pas été tués." Dis : "Évitez vous-mêmes la mort, si vous dites la vérité".

Le grand penseur soudanais Mahmoud Mohamed Taha a été exécuté, à l'instigation des Frères Musulmans de Hassan el Banna, grand-père de

---

[102] Guillaume, *The life of Muhammad*, p. 278.
[103] Stétié, *Mahomet*, p. 233.

Tariq Ramadan, parce qu'il avait tenté de faire prévaloir les versets non-violents prêchés initialement à la Mecque.

Mahmoud Taha a relevé que les *munâfiqûn*, abondamment maudits dans les sourates médinoises, ne furent jamais mentionnés à la Mecque, car il ne s'y trouvait aucun hypocrite du fait que Mahomet n'y exerçait aucun pouvoir et qu'il n'y avait pas de coercition possible[104].

M. M. Taha a observé que ce n'est qu'après l'émigration à Médine que les versets de « coercition par le sabre » *(ayât as-sayf)* ont dominé.

(2,193) Et combattez-les jusqu'à ce qu'il n'y ait plus d'association et que la religion soit entièrement à Allah seul. S'ils cessent, donc plus d'hostilités, sauf contre les injustes.

(9,5) Après que les mois sacrés expirent, tuez les associateurs où que vous les trouviez. Capturez-les, assiégez-les et guettez-les dans toute embuscade. Si ensuite ils se repentent, accomplissent la Salat et acquittent la Zakat, alors laissez-leur la voie libre, car Allah est Pardonneur et Miséricordieux.

M. M. Taha a constaté que, face à la violence des prêches et sous l'effet de la terreur omniprésente, certains à Yathrib/Médine ont cherché la sécurité en simulant la conversion à l'islam[105].

La *Sirâ* précise que parmi les hypocrites, qui ont prétendu avoir accepté l'islam pour sauver leur vie, le seul homme « jeune » était Qays b. 'Amr b. Sahl[106]. Ce qui permet de supposer que Mahomet a recruté la majorité de ses partisans parmi les jeunes, à Médine comme à la Mecque, alors que les hommes âgés ne se soumirent à lui que sous la contrainte.

Les versets (24, 47-50) témoignent de la méfiance des Médinois qui avaient cru trouver en Mahomet un homme de paix.

(24,47) Et ils disent : "Nous croyons en Allah et au messager et nous obéissons". Puis après cela, une partie d'entre eux fait volte-face. Ce n'est point ceux-là les croyants.

(24,48) Et quand on les appelle vers Allah et Son messager pour que celui-ci juge parmi eux, voilà que quelques-uns d'entre eux s'éloignent.

(24,49) Mais s'ils ont le droit en leur faveur, ils viennent à lui, soumis.

(24,50) Y a-t-il une maladie dans leurs cœurs ? Où doutent-ils ? Où craignent-ils qu'Allah les opprime, ainsi que Son messager ? Non !... mais ce sont eux les injustes.

La prise de butins et la capture de prisonniers au nom d'Allah semblent également avoir été contestées ; car la *Sirâ* précise que Mahomet a dû affirmer que, bien qu'aucun prophète avant lui n'ait eut le droit de

---

[104] Mahmoud Mohamed Taha, *Un Islam à vocation libératrice*, L'Harmattan, p. 113.
[105] M.M. Taha, *Un Islam à vocation libératrice*, p. 113.
[106] Guillaume, *The life of Muhammad*, p. 239, 247.

s'approprier de « butin », Allah lui avait accordé exceptionnellement ce privilège[107].

Le Coran et la *Sirâ* révèlent que des Arabes et des juifs s'opposèrent à Mahomet en invoquant les contradictions de ses enseignements et leurs propres connaissances des Écritures. Ils se trouvèrent accusés d'hypocrisie, de trahison, et plusieurs furent assassinés.

Quiconque désobéit à Allah et à Son Messager, s'est égaré (33, 36)

Mahomet à Yathrib/Médine devint un chef de plus en plus autoritaire s'associant finalement à Allah[108] :

(33,36) « Il n'appartient pas à un croyant ou à une croyante, lorsqu'Allah et Son messager ont décidé d'une chose d'avoir encore le choix dans leur façon d'agir. Et quiconque désobéit à Allah et à Son Messager, s'est égaré certes, d'un égarement évident. »

De nombreux versets mettent l'accent sur le respect et l'obéissance sans réserves qui sont dus tant à Allah qu'à son messager lui-même :

(3.32) Dis : "Obéissez à Allah et au Messager. Et si vous tournez le dos... alors Allah n'aime pas les infidèles !

(3,132) Et obéissez à Allah et au Messager afin qu'il vous soit fait miséricorde !

(33,57) Ceux qui offensent Allah et Son messager, Allah les a maudits dans ce Monde, comme dans l'au-delà et il leur a préparé un châtiment avilissant.

(49.2) Ô Croyants ! N'élevez pas vos voix au-dessus de la voix du Prophète, et ne haussez pas le ton en lui parlant, comme vous le haussez les uns avec les autres, sinon vos œuvres deviendraient vaines à votre insu.

(58.5) Ceux qui s'opposent à Allah et à Son messager seront humiliés dans la poussière comme le furent leurs devanciers. Nous avons déjà fait descendre des versets clairs, et les mécréants subiront un châtiment avilissant.

(4,13) Tels sont les limites imposées par Allah. Et ceux qui obéissent à Allah et à Son messager, seront admis dans les Jardins ou coulent des ruisseaux, pour y demeurer éternellement. Et voilà la réussite suprême.

(4,14). Mais ceux qui désobéissent à Allah et à Son messager, et transgressent Ses limites, Il les précipitera dans le Feu pour y demeurer éternellement. Ils auront un châtiment avilissant.

C'est un islam totalitaire et violent qui va désormais s'imposer en Arabie, puis dans le monde.

---

[107] Guillaume, *The life of Muhammad*, p. 326.
[108] Stétié, *Mahomet*, Pygmalion Gérard Watelet, p. 239.

(5,33) ceux qui font la guerre contre Allah et Son messager (…) qu'ils soient tués, ou crucifiés …

Il est fréquent d'entendre des commentateurs désireux de souligner le pacifisme de l'islam citer le passage suivant du Coran : « *quiconque tuerait une personne non coupable d'un meurtre c'est comme s'il avait tué tous les hommes. Et quiconque sauvait une vie, c'est comme s'il sauvait la vie de tous les hommes … »*

En vérité ce texte, replacé dans le verset complet dont il est extrait, mentionne un commandement donné par Yahvé aux Enfants d'Israël.

(5,32) *C'est pourquoi Nous avons prescrit aux Enfants d'Israël que quiconque tuerait une personne non coupable d'un meurtre c'est comme s'il avait tué tous les hommes. Et quiconque sauvait une vie, c'est comme s'il sauvait la vie de tous les hommes. Puis (…) un grand nombre d'entre eux continuent à répandre la corruption sur terre.*

L'interdiction de tuer était valable pour les pieux arabes hanafites, juifs ou chrétiens, comme Waraqa bin Nawfal. Mais lorsque Mahomet impose son islam à Yathrib/Médine le verset (5,33) ne laisse aucun doute quant à l'obligation de tuer ceux qui s'opposent à Mahomet et à Allah.

(5,33) *La punition de ceux qui font la guerre contre Allah et Son messager, et qui s'efforcent de semer la corruption sur la terre, c'est qu'ils soient tués, ou crucifiés, ou on leur coupera une main et le pied opposé ou ils seront exilés du pays. Ce sera pour eux l'ignominie en ce monde et un lourd châtiment dans l'autre.*

Allah a mis les combattants au-dessus des non combattants

À la Mecque, l'indépendance d'esprit et l'égalité tribale des Quraych avaient empêché Mahomet d'imposer ses idées et de se faire reconnaître par tous comme l'envoyé d'Allah. À Médine, il eut les coudées franches pour œuvrer à l'implantation de son projet politique et religieux par un *jihad* continu contre les libres habitants de l'Arabie.

Les apologues de l'islam avancent que le *jihad* militaire ne fait pas partie des piliers de l'islam. Pourtant tous les musulmans fondamentalistes sont convaincus qu'ils doivent se battre et tuer pour imposer l'islam; et les chefs musulmans les plus glorifiés et vénérés, depuis les premiers califes, sont ceux qui ont guerroyé et tué pour faire régner l'islam.

Ainsi, le héros musulman Saladin n'a jamais effectué le pèlerinage à la Mecque – qui est pourtant supposé être un des piliers de l'islam–; mais il a livré un *jihad* ininterrompu pour détruire les États latins d'Orient.

Né musulman au Maroc, Jean-Mohammed Abd-el-Jalil, qui est devenu prêtre franciscain, partage l'opinion des islamistes au sujet de la seule explication possible à donner au mot *jihad*.

Selon Jean-Mohammed Abd-el-Jalil, la vraie doctrine du *jihad* est celle de la guerre menée contre les non-musulmans pour imposer à toute la terre le monothéisme musulman[109].

Notons que les versets qui dispensent du *jihad* les aveugles, les boiteux et les malades, contredisent les interprétations de ceux qui prétendent n'y voir qu'un combat principalement spirituel.

(48,15) Ceux qui restèrent en arrière diront, quand vous vous dirigez vers le butin pour vous en emparer ; «Laissez-nous vous suivre». Ils voudraient changer la parole d'Allah. Dis : «Jamais vous ne nous suivrez : ainsi Allah a déjà annoncé». Mais ils diront : «Vous êtes plutôt envieux à notre égard». Mais ils ne comprenaient en réalité que peu.

(48,16) Dis à ceux des Bédouins qui restèrent en arrière : «vous serez bientôt appelés contre des gens d'une force redoutable. Vous les combattrez à moins qu'ils n'embrassent l'Islam, si vous obéissez, Allah vous donnera une belle récompense, et si vous vous détournez comme vous vous êtes détournés auparavant, Il vous châtiera d'un châtiment douloureux».

(48, 17) Nul grief n'est à faire à l'aveugle, ni au boiteux ou au malade. Et quiconque obéit à Allah et à Son messager, Il le fera entrer dans des Jardins dans lesquels coulent les ruisseaux. Quiconque cependant se détourne, Il le punira d'un cruel châtiment.

(4,95) Ne sont pas égaux ceux des croyants qui restent chez eux - sauf ceux qui ont quelque infirmité - et ceux qui luttent corps et biens dans le sentier d'Allah. Allah donne à ceux qui luttent corps et biens un grade d'excellence sur ceux qui restent chez eux. ... et Allah a mis les combattants au-dessus des non combattants en leur accordant une rétribution immense.

---

[109] Abd-El-Jalil, *L'Islam et nous*, p. 52.

IV

Jihad, et épuration de Yathrib/Médine

Les premiers mois qui suivirent l'émigration de Mahomet à Yathrib furent calmes, alors qu'il organisait tranquillement sa nouvelle vie ainsi que celle de ses disciples. Les Mecquois, ne souhaitant sans doute pas se battre avec leurs proches qui étaient devenus musulmans, loin de poursuivre Mahomet pour le combattre, semblent avoir été simplement soulagés de pouvoir continuer à vaquer à leurs affaires.

Selon le pacte conclu par Mahomet avec les habitants de Yathrib, ces derniers ne s'étaient engagés à le défendre que s'il était attaqué. Mahomet ne fut pas attaqué. Au lieu d'en profiter pour prier et continuer à prêcher en paix, il prit l'initiative de déclencher la guerre.

Invoquant le droit de se défendre parce qu'il avait été chassé de la Mecque – bien qu'il ait choisi d'émigrer en secret – ainsi que la nécessité de combler les pertes financières subies par les musulmans à cause de l'hégire, Mahomet va attaquer les caravanes des Mecquois. Il attaquera également les petites tribus qui vivaient aux alentours de Yathrib/Médine.

À partir de Yathrib/Médine, qui se trouvait sur la route des caravanes circulant entre la Mecque et la Méditerranée, Mahomet va razzier les caravanes des Quraych et créer un état d'insécurité et des tensions qui mèneront à une guerre, à laquelle tant ses disciples que ses alliés médinois seront contraints de participer.

Mahomet entreprendra également des razzias, autour de Yathrib, contre les petites tribus indépendantes. Une année après son arrivée à Médine, il aurait lancé sa première attaque, contre les Banu Dahmra qu'il contraignit à la « soumission », avant de rentrer à Médine sans aucun dommage[110].

De nombreuses autres « attaques » contre de petites tribus arabes indépendantes suivirent, toutes couronnées de succès pour les disciples du prophète de l'islam qui se renforçaient, s'enrichissaient, et dont le nombre augmentait au fil du *jihad* victorieux contre les habitants de la péninsule.

Les affrontements avec de petites escarmouches entre des fidèles de Mahomet et des Quraych n'entraînèrent pas d'effusions de sang au cours

---

[110] *Ibn Hichâm,* p. 188.

des premiers mois de *jihad*. Mais une razzia commanditée par Mahomet et menée par Abd-Allah bin Jahch, qui eut lieu durant un mois sacré de paix et de pèlerinage, causa la mort d'un Mecquois et lança la vraie guerre entre les musulmans et les Quraych.

À la Mecque, les différends religieux ou personnels ne remettaient pas en cause la solidarité familiale ou clanique. L'oncle de Mahomet, Abu Taleb, a toujours protégé les membres de sa famille qui suivaient son neveu, bien que lui-même n'ait jamais cru que Mahomet était un envoyé d'Allah.

En Abyssinie, Ja'far bin Abu Taleb, cousin de Mahomet, avait cité au Négus le respect des musulmans pour les liens familiaux.

Mais les relations traditionnelles familiales, amicales ou de voisinage, sur lesquelles était édifiée la société arabe préislamique, seront détruites par le *jihad* sans limites au service de l'islam.

La *Sirâ* révèle que les disciples de Mahomet ont rompu avec leurs familles et ont même fait couler le sang de leurs proches pour servir l'envoyé d'Allah.

Nakhla et l'abrogation par Mahomet de la paix sacrée préislamique (623)

Lors d'un des mois sacrés, durant lesquels toute violence était interdite dans l'Arabie préislamique, des disciples de Mahomet attaquèrent des caravaniers à Nakhla[111]. Cette attaque, au cours de laquelle un Mecquois fut tué, fut l'une des principales causes de la fameuse bataille de Badr.

L'attaque de Nakhla commença comme les razzias habituelles. Mahomet envoya un petit groupe de fidèles et remit au chef du groupe, Abd-Allah bin Jahch, une lettre à n'ouvrir qu'après deux jours de marche, et il lui recommanda de ne pas contraindre ses compagnons à prendre part à l'attaque qui leur serait proposée.

La liberté offerte aux disciples de ne pas participer à la razzia prouve que les directives de la lettre allaient à l'encontre des traditions et valeurs les plus sacrées des Arabes. Une liberté de choix offerte au bout de deux jours de marche, alors que les hommes sont donc déjà si engagés dans l'affaire et si près du but qu'il est difficile de rebrousser chemin, est une manière astucieuse de déclencher la violence. Comme l'avait sans doute prévu Mahomet, les compagnons choisirent de rester.

---

[111] Guillaume, , *The life of Muhammad*, p. 287; Tor Andrae, *Mohammed,* p. 141.

Lorsque Abd-Allah bin Jahch et ses hommes arrivèrent à destination (au lieu-dit Nakhla) ils trouvèrent la caravane signalée par les espions de Mahomet, chargée de raisin, de cuir et de nombreux autres produits.

Ukkâsh b. Mihsan se rasa la tête pour se faire passer pour un pèlerin et endormir la méfiance des caravaniers, qui proposèrent alors aux musulmans de se joindre à eux. À la tombée de la nuit, les faux pèlerins attaquèrent leurs hôtes. Ils tuèrent l'un d'entre eux, Amr b al Hadrami que son frère voudra venger à la bataille de Badr, et firent deux prisonniers alors qu'un quatrième réussissait à s'enfuir.

L'accueil fait à Médine aux musulmans, qui rentrèrent avec un très important butin, ne fut guère chaleureux. Mahomet, qui avait provoqué la razzia de Abd-Allah bin Jahch, refusa d'assumer la moindre responsabilité dans cette attaque qui avait entraîné la rupture de la trêve du mois sacré et provoqué une mort d'homme. Il refusa également, dans un premier temps, que le butin soit partagé.

Mais deux jours plus tard, une révélation, selon laquelle la rupture de la paix des mois sacrés était permise dans le cadre de la guerre contre les ennemis d'Allah car *« l'association est plus grave que le meurtre»*, autorisa le partage normal du butin. La paix sacrée de l'Arabie préislamique était remplacée par *jihad* guerrier sacré.

(2,217). Ils te questionnent sur le fait de faire la guerre pendant les mois sacrés. - Dis : " Combattre alors est un péché grave, mais il est plus grave encore aux yeux d'Allah de faire obstacle au sentier d'Allah, de Le renier et d'empêcher l'accès à la Mosquée sacrée, et d'expulser de là ses habitants. « L'association est plus grave que le meurtre. » Or, ils ne cesseront de vous combattre jusqu'à vous détourner de votre religion s'ils le peuvent. Et ceux parmi vous qui abjureront leur religion et mourront infidèles, vaines seront pour eux leurs actions dans la vie immédiate et la vie future. Ils seront les compagnons du Feu et ils y demeureront éternellement.

On doit penser que ce n'est pas par naïveté que Mahomet envoya Abd-Allah bin Jahch en mission pendant un mois de paix sacrée. En cautionnant des attaques même pendant les mois sacrés, Mahomet faisait vivre les habitants d'Arabie, et plus particulièrement les Quraych, sous la menace constante d'attaques imprévisibles. Il les privait du moindre espoir de pouvoir vivre et faire circuler leurs caravanes en paix s'ils ne se soumettaient pas à sa volonté.

La bataille de Badr, qui eut lieu quelques temps plus tard, fut partiellement motivée par la volonté de venger l'homme assassiné par les disciples de Mahomet à Nakhla. Elle a concrétisé de la manière la plus sanglante la rupture avec toutes les valeurs traditionnelles des Mecquois, dont les liens familiaux et tribaux des Quraych.

Bataille terrible avec des membres d'une même famille, combattant les uns du côté des musulmans, les autres dans les rangs des habitants de la Mecque[112].

Badr ! Bataille fratricide et fondatrice de l'islam. (624)

Pour illustrer l'engagement total requis d'un bon musulman, les idéologues d'Al-Qaïda ont évoqué le calife Omar bin Khattab, qui a déclaré un jour souhaiter être entouré d'hommes comme Abou Ubayda ibn al-Jarrah[113]. Ce héros musulman est entré dans la légende musulmane pour avoir, lors de la bataille de Badr, tué son père qui refusait l'islam[114]. Les limites ou plutôt l'absence de limites du *jihad*, au nom d'Allah, furent établies à la bataille de Badr.

De nombreux Mecquois âgés se sont retrouvés à Badr pour défendre une importante caravane que Mahomet voulait attaquer, mais qui lui échappa grâce à la sagacité d'Abu Sufyan qui la dirigeait.

Plusieurs Mecquois rentrèrent chez eux en pensant qu'il n'y aurait pas d'affrontements puisque la caravane avait échappé au pillage, mais un certain nombre furent convaincus par Abu Jahl de rester. Pour une question de prestige, les Quraych devaient passer trois nuits à Badr et y faire la fête[115].

Les Quraych qui restèrent à Badr, privés du support de nombre des leurs et prenant conscience du danger et de leur impréparation, cherchèrent à éviter l'affrontement. Hakim ibn Hizâm demanda à Utba ibn Rabî'a, grand-père maternel du futur calife Muawiya, d'intervenir en tant que doyen des Quraych, notable respecté et obéi, pour éviter le combat[116].

Utba plaida pour un retrait rappelant aux Quraych que le résultat de cette bataille ne pouvait qu'être dramatique puisqu'ils allaient s'entretuer entre frères, parents et cousins.

Mais Abu Jahl accusa Utba d'avoir peur et de refuser le combat parce qu'un de ses fils se battait aux côtés des musulmans. Il demanda à 'Amir ibn al Hadrami d'aller réclamer aux Quraych le soutien auquel il avait droit, pour

---

112 Stétié, *Mahomet*, p.148.
113 Kepel, *Al Qaida dans le texte*, p. 157.
114 Kepel, *Al Qaida dans le texte*, p. 323.
115 Guillaume, *The life of Muhammad*, p. 296.
116 Atallah, *La biographie du prophète Mahomet*, p. 202.

venger son frère assassiné, à Nakhla, par les disciples de Mahomet. Les Mecquois se retrouvèrent finalement en train de combattre des proches, parfois leurs propres enfants, qui avaient suivi Mahomet[117].

Mahomet était présent à Badr. Il fut installé à l'abri du danger en compagnie d'Abu Bakr dans une cabane en branchages gardée par Sa'd ibn Mu'âdh et quelques fidèles *ançars*[118] (Médinois ralliés à l'islam), alors que ses hommes engageaient le combat.

Au cours de la bataille, Utba ibn Rabî'a, dans le jardin duquel Mahomet s'était réfugié à Taif, son fils Walid et son frère Chayba se trouvèrent face à Ubayda ibn al-Hârith, Hamza, oncle du prophète de l'islam, et Ali bin Abu Taleb, cousin et gendre de Mahomet.

Alors que Walid bin Utba était tué par Ali, et que Chayba mourait sous les coups de Hamza, les combattants plus âgés, Utba et Ubayda, se retrouvèrent à terre blessés. Ali et Hamza se précipitèrent alors sur le vieux Utba pour l'achever tandis qu'il gisait près de son adversaire musulman[119].

De nombreuses personnalités mecquoises furent tuées au cours de cette bataille légendaire. Abu Jahl/Amr fut égorgé et sa tête fut offerte à Mahomet. Les musulmans firent également de nombreux prisonniers.

Ils reçurent un accueil triomphal à Yathrib/Médine, mais la tradition musulmane rapporte la réflexion de Salam ibn Salama qui estimait qu'ils n'avaient rien fait d'héroïque en rencontrant des vieillards chauves, prêts à être immolés, et en les égorgeant.

Mahomet aurait alors rétorqué que c'était tout de même les chefs et les notables de la Mecque qui avaient été vaincus et tués[120].

La description du retour à Médine corrobore l'aspect fratricide de cette bataille fondatrice de l'islam ainsi que la présence des vieux notables mecquois. Ibn Hichâm décrit la surprise et la peine de l'une des épouses de Mahomet, Sawda, lorsqu'elle vit, en rentrant chez elle, le vieux chef de son clan les mains attachées au cou avec une corde. Elle salua sa grande générosité, et Mahomet furieux lui reprocha d'exhorter les gens contre Allah et son prophète.

Un autre prisonnier, Abu 'Aziz ibn 'Umayr, entendit son propre frère, qui était musulman, recommander à son geôlier de l'attacher solidement et

---

[117] Atallah, *Ibn Hichâm*, p. 204-209.
[118] *Ibn Hichâm*, p. 199; Guilllaume, *The life of Muhammad*, p. 297.
[119] Guillaume, p. 299; *Ibn Hichâm*, p. 202-203.
[120] Atallah, *La biographie du prophète Mahomet*, p. 212; Guillaume, p. 308.

annoncer qu'il serait sûrement racheté par sa mère qui était riche. Abu 'Aziz sera effectivement racheté au prix le plus élevé par sa mère[121].

Abu Hudhayfa, le fils musulman de Utba b. Rabî'a, aurait déclaré en voyant le cadavre de son père jeté dans la fosse commune qu'il le connaissait comme un homme bon et vertueux et qu'il regrettait qu'il soit mort incroyant[122].

Le chef de l'opposition mecquoise Abu Sufyan perdit à Badr un fils, Handhala, et un autre, 'Amr, y fut fait prisonnier. Abu Sufyan refusa de payer une rançon et attendit de pouvoir kidnapper un pèlerin musulman, à la Mecque, pour l'échanger contre son fils. En effet, malgré la guerre entre Mahomet et les Quraych ces derniers n'ont jamais interdit à ses disciples d'accéder à la Mecque.

Nouvelles exigences et menaces de Mahomet après la victoire de Badr.

Après la victoire de Badr, l'attitude de Mahomet vis à vis des juifs, jusque-là traités en alliés libres qui avaient leur propre Livre, changea. Il convoqua les juifs de Médine à une réunion. Il leur demanda de reconnaître désormais qu'il était l'envoyé d'Allah et leur conseilla de se soumettre à son autorité avant qu'Allah n'abatte sur eux le malheur qui avait frappé les Quraych à Badr[123].

Les juifs, indépendants depuis des siècles et confiants dans les amicales relations séculaires qui les liaient aux Arabes de Yathrib, bravèrent les menaces de l'homme récemment venu vivre dans leur oasis. Mais les relations avec les musulmans devenaient de plus en plus pénibles.

Les relations de Mahomet avec les chrétiens évoluèrent également. Lorsqu'une délégation de chrétiens de Najran se présenta à Médine, Mahomet ne se contenta pas de souligner la foi en *Issa* (Jésus) qui les rapprochait, comme l'avaient fait ses disciples en Abyssinie, il leur demanda de reconnaître en lui un prophète, le successeur de Jésus[124].

En Abyssinie, les fidèles de Mahomet s'étaient référés aux enseignements de Moïse et de Jésus, Verbe de Dieu, pour obtenir la protection du Négus. Mais Mahomet affirme désormais que sa religion, qui

---

[121] Atallah, *Ibn Hichâm*, pp. 212-213; Guillaume, *The life of Muhammad*, p. 309.
[122] *The life of Muhammad*, p. 307.
[123] Stétié, *Mahomet*, p. 161.
[124] Guillaume, *The life of Muhammad*, p. 272.

dorénavant prescrit de tuer ceux qui ne se soumettent pas, est la religion de soumission originelle d'Abraham ; celle enseignée par les Livres donnés aux prophètes de Moïse à Issa (Jésus).

(2,136). Dites : "Nous croyons en Allah et en ce qui nous a été révélé, et a été révélé à Abraham et Ismaël et Isaac et Jacob et les Tribus, et aux Livres donné à Moïse et à Issa (Jésus), et en ce qui a été donné aux prophètes, par leur Seigneur : nous ne faisons aucune distinction entre eux. Et à Lui nous sommes Soumis".

(3, 65) Ô vous qui avez reçu l'Écriture, pourquoi disputez-vous au sujet d'Abraham, alors que la Thora et l'Évangile n'ont été révélés qu'après lui ? Ne réfléchissez-vous donc pas ?

(2, 135). Ils ont dit : "Soyez Juifs ou Chrétiens et vous serez guidés". - Dis : "Non, mais suivons la religion d'Abraham, le vrai croyant ; et qui ne fut point du nombre des idolâtres".

(3,67) Abraham n'était ni Juif ni Chrétien. Il était un vrai croyant et soumis à Allah. Et il ne joignait aucun dieu à Allah.

Mahomet accuse les juifs et chrétiens, qui ne sont pas d'accord entre eux, d'avoir falsifié leurs Livres et prétend prêcher la vraie religion d'Abraham. Mais sa version du monothéisme abroge les dix commandements ainsi que l'Alliance d'un Dieu d'amour qui refuse la violence et la haine, qui interdit de tuer, et qui veut sauver l'humanité.

Mahomet s'est déclaré le dernier d'une longue lignée de Prophètes parmi lesquels il compte Jésus, la majorité des prophètes bibliques ainsi que des prophètes arabes. Mais tous ces prophètes n'étaient venus que pour rappeler la religion d'Abraham qui finalement était, selon lui, la soumission à Mahomet et à Allah.

Expulsions, assassinats et massacres décrits par Ibn Hichâm

Les musulmans salafistes contemporains, qui se prétendent réformistes, s'activent partout pour encourager les jeunes musulmans « tièdes » à se réformer en retournant aux sources « vivifiantes » du Coran ainsi qu'à l'exemple de Mahomet pour construire une société idéale.

Or l'islam fondamentaliste, salafiste, manifeste, avec une infaillible constance, une violence persécutrice contre les libertés fondamentales et une absence de respect pour la vie humaine.

Lorsque l'Imam Khomeiny a émis, le 14 février 1989, une fatwa sanctifiant l'assassinat de Salman Rushdie, l'Occident fut surpris et ému, mais le monde constate au fil des ans que tous ceux qui osent critiquer, ou ridiculiser, Mahomet ou l'islam, de Théo Van Gogh en 2004 aux dessinateurs de Charlie Hebdo en 2015 et Nahed Hattar en 2016, risquent toujours leur vie.

Pour comprendre cette violence, contre les esprits libres et les artistes, il faut revenir à l'exemple offert par Mahomet sachant qu'il est l'homme modèle, idéal, que les musulmans pieux doivent imiter.

(33,21) En effet, vous avez dans le Messager d'Allah un excellent modèle [à suivre], pour quiconque espère en Allah et au Jour dernier et invoque Allah fréquemment.

Il est donc nécessaire de bien étudier les récits des batailles, massacres et assassinats qui sont décrits dans la *Sirâ* (biographie) de Mahomet. La lecture et l'étude de ces récits pénibles pourraient sembler inutiles, mais elles sont indispensables.

Assassinats au nom d'Allah.

L'étude de la biographie officielle de Mahomet révèle qu'il eut systématiquement recours aux assassinats pour museler toute critique et terroriser ses opposants.

L'étude des « *fatwas* » émises au VIIᵉ siècle par Mahomet lui-même, ainsi que leur mise à exécution, telles qu'elles sont décrites, permet de comprendre le raisonnement de Ben Laden, d'Abubakar Shekau de Boko Haram, d'al-Baghdadi de l'EI, de Khomeiny et autres musulmans pour qui il est bon de tuer au nom d'Allah.

Ibn Hichâm raconte comment Mahomet a fait assassiner al-Hârith b. Suwayd b. Samid, à Médine, et comment, lorsqu'Abu Afak, des Banu Amr, a reproché à ses compatriotes leur passivité devant le meurtre de l'un des leurs, Mahomet a demandé à ses fidèles de le débarrasser d'Abu Afak. Ce fut le musulman Salim bin Umayr qui se chargea du meurtre[125].

La dérive meurtrière se poursuivit avec l'assassinat de la poétesse Asma bint Marwan. Cette dernière avait été particulièrement affectée par le meurtre d'Abu Afak, ainsi que par la vague de violence qui submergeait sa ville ; elle composa des poèmes virulents à l'encontre du prophète de l'islam le traitant d'étranger qui assassinait leurs chefs comme un affamé attendant sa soupe.

Mahomet fit tuer Asma bint Marwan, de la tribu des Banu Khatma, par ses disciples une nuit alors qu'elle dormait avec son enfant dans les bras. Ce meurtre accrut la terreur parmi les habitants de Médine, et plus

---

[125] Guillaume, *The life of Muhammad*, p. 675.

particulièrement parmi les membres de la tribu d'Asma qui s'empressèrent de prononcer la *baiy'a* (serment d'allégeance à Mahomet)[126].

Terreur au nom d'Allah, meurtre de Ka'b ibn al-Ashraf.

Les détails offerts par Ibn Hichâm concernant l'assassinat d'un autre Médinois, Ka'b ibn al-Ashraf, permettent de mesurer la terrifiante exploitation d'Allah pour transformer des hommes tout à fait normaux en tueurs.

Ibn Hichâm raconte qu'après la bataille de Badr[127] le poète médinois Ka'b ibn al-Ashraf, ému par l'hécatombe subie par les Quraych avec lesquels il entretenait depuis toujours de bonnes relations, se rendit à la Mecque et y composa des poèmes en hommage aux grands hommes des tribus mecquoises tombés au cours de la bataille. De retour à Médine, il se serait mis à composer des poèmes d'amour « compromettant » les femmes musulmanes.

Mahomet demanda alors qui le débarrasserait de ce poète, et Muhammad ibn Maslama offrit immédiatement ses services. Mais, rentré chez lui, Ibn Maslama fut incapable d'avaler quoi que ce soit pendant trois jours, ce qui fut rapporté à Mahomet.

Apprenant qu'Ibn Maslama se laissait mourir de faim parce qu'il se sentait incapable d'assassiner Ibn al-Ashraf, Mahomet le convoqua et lui dit, pour l'encourager, que pour accomplir sa promesse il lui suffisait de tenter la chose. Ibn Maslama se reprit et, avec quelques amis, envoya chez Ka'b le frère de lait de ce dernier ; un autre poète prénommé Silkân ibn Salama.

Usant de la confiance que lui valait son lien avec Ka'b, Silkân lui confia sur le ton de la confidence le désir de certains Arabes d'en finir avec Mahomet et avec les ennuis et les difficultés que son comportement avait causé à tous. Puis il demanda à Ka'b de leur vendre de la nourriture tout en proposant de lui laisser des armes et des cuirasses comme gages et Ka'b accepta.

Silkân proposa alors aux conspirateurs musulmans de retourner avec lui chez Ka'b, avec des armes que Ka'b penserait être amenées pour être mises en dépôt. Les assassins se réunirent chez Mahomet qui les accompagna un bout de chemin avant de les envoyer commettre leur crime.

---

[126] Fregosi, *Jihad in the west,* p 45; Guillaume. *The life of Muhammad,* p. 676.
[127] Atallah, *Ibn Hichâm* p. 229-232.

Ibn Hichâm précise que Mahomet leur souhaita l'aide d'Allah pour le succès de la « mission » qu'il leur avait confiée.

Lorsque les musulmans parvinrent devant la maison de Ka'b, Silkân l'appela et Ka'b sortit, malgré l'opposition de son épouse qui lui dit avoir senti le diable dans la voix de Silkân et qu'il était dangereux pour lui de sortir la nuit vu son opposition à Mahomet[128].

Ibn Maslama et ses compagnons demandèrent à Ka'b s'il voulait se promener un moment avec eux, et ce dernier y consentit en toute confiance. Alors que le poète marchait tout détendu en bavardant, son frère de lait, Silkân, le complimentant sur son parfum, lui caressa affectueusement les cheveux avant de les agripper soudain et de dire à ses compagnons de frapper cet ennemi d'Allah.

Tous abattirent en même temps leurs sabres sur le malheureux. Les sabres se heurtèrent sans atteindre leur but, alors Ibn Maslama plongea, en appuyant de tout son poids, un poignard effilé dans le ventre du poète toujours tenu par son frère de lait, et Ka'b s'écroula.

Les assassins retournèrent chez Mahomet pour lui annoncer la mort de « l'ennemi d'Allah » et le trouvèrent en train de prier.

Ibn Hichâm précise qu'en apprenant la mort de Ka'b ibn al-Ashraf chacun à Yathrib/Médine se mit à craindre pour sa vie, surtout les juifs !

Ka'b ibn al-Ashraf était le chef des Banu Nadir qui furent plus tard attaqués, dépouillés, et bannis par Mahomet prévenu, par le ciel, qu'ils complotaient pour le tuer.

Assassinat de Sallam ibn Abû-l-Huqayq

Ibn Hichâm raconte que l'un des bienfaits accordés par Allah au prophète de l'islam était la rivalité animant les Aws et les Khazraj pour gagner sa faveur. Chaque fois que l'un des deux clans arabes de Médine faisait quelque chose pour être agréable à Mahomet, l'autre clan cherchait immédiatement à en faire autant, ou mieux, pour se faire bien voir[129].

Selon Ibn Hichâm, ce serait par esprit d'émulation, pour se montrer aussi bons musulmans que les Aws, qui avaient exécuté le poète juif Ka'b ibn al-Ashraf, et pour se valoriser aux yeux de Mahomet, que des Khazraj se mirent en quête d'une autre personnalité à assassiner.

---

[128] Guillaume, *Life of Muhammad*, p. 368.
[129] Atallah, *Ibn Hichâm*, p. 281-282.

Ils songèrent à Sallam ibn Abû-l-Huqayq, le vieux chef des juifs de l'oasis agricole de Khaybar, et proposèrent au prophète de l'islam de le tuer. Mahomet accepta et envoya une bande de quinze hommes des Khazraj assassiner Sallam. Il en confia le commandement à Abd-Allah ibn 'Atik.

Parvenus au domicile de leur victime à Khaybar, l'oasis juive où vivait la sybille dont les conseils avaient sauvé la vie du père de Mahomet, les assassins demandèrent à son épouse de leur ouvrir la porte en prétendant être venus pour acheter du blé.

Une fois dans la chambre, ils se dirigèrent vers le vieil homme dont ils distinguaient la forme blanche dans son lit et le frappèrent de leurs sabres. Ils réussirent à sortir de la ville et à échapper aux habitants réveillés par les cris de l'épouse de la victime.

A leur retour, ils annoncèrent à Mahomet la mort de l'ennemi d'Allah en se disputant le privilège d'avoir porté le coup fatal. Le prophète de l'islam demanda alors à voir leurs sabres et conclut que le mérite de la mort d'ibn Abû-l-Huqayq revenait à Abdallah ibn Anis, car sur son sabre on pouvait encore voir la trace de ce que la victime avait mangé[130].

S. Stétié rappelle que, lors de son entrée victorieuse à la Mecque, Mahomet condamna à mort des artistes qui s'étaient moqués de lui[131].

Les nombreux exemples d'assassinats commandités par Mahomet, en Arabie au VIIᵉ siècle, doivent être pris en compte pour comprendre l'origine du terrorisme islamique.

Dépouillement et expulsion d'une tribu juive de Médine

La transformation de Yathrib en ville « purement musulmane », que Médine est toujours aujourd'hui, commença à se concrétiser progressivement après la victoire de Mahomet à Badr. Il réussit d'abord à expulser toute une pacifique tribu juive, qui vivait là depuis des siècles.

Selon la *Sirâ*, peu de temps après Badr et l'appel à la soumission lancé aux juifs de Médine, un conflit éclata sur le grand marché des Banu Qaynouqa juifs lorsque de mauvais plaisants juifs offensèrent une femme arabe.

Un musulman réagit en tuant un bijoutier juif, puis l'assassin fut tué par des juifs. Avec un mort dans chaque camp, l'affaire aurait pu en rester là ;

---

[130] Idem., p. 281-282.
[131] Stétié, *Mahomet,* p. 194.

mais Mahomet assiégea les Banu Qaynouqa durant quinze nuits jusqu'à leur reddition.

On doit légitimement penser qu'il a envisagé de les exécuter, car la *Sirâ* rapporte que Abd-Allah ibn Ubayy, leur ancien allié arabe médinois qui était le principal chef des Khazraj dont faisait partie la famille de Mahomet, les Banu Najjar, dut pratiquement menacer le prophète de l'islam pour qu'il ne les fauche pas en une matinée. Mahomet, qui a toujours accusé Abd-Allah ibn Ubayy d'être un hypocrite, se contenta donc de les expulser et de confisquer tous leurs biens[132].

Selon Sayyid Qutb, l'important butin constitué des biens des juifs, dont Mahomet s'empara alors, permit de combler les besoins matériels des émigrés musulmans (*muhajiroun*)[133].

Mahomet évite le martyr à la bataille d'Uhud

Après la bataille de Badr où chaque famille de la Mecque avait été frappée et où tant des leurs avaient été tués, les Quraych, dont les caravanes étaient toujours victimes de razzias, décidèrent de lancer une attaque d'envergure contre Mahomet pour venger leurs morts et imposer la paix et la sécurité.

Une armée mecquoise commandée par Abu Sufyan, père du futur calife Muawiyah, vint camper à Uhud près de Médine. Dans le camp des Mecquois se trouvaient également des Médinois tel Abu 'Amir, surnommé *al Rahib* (le moine), qui avait quitté Médine, à la tête d'une cinquantaine de membres de la tribu des Aws, après s'être opposé à Mahomet[134].

La bataille d'Uhud (mars 625) fut féroce, car cette fois les Quraych s'étaient préparés à se battre. Elle entraîna de nombreuses pertes du côté musulman. L'oncle de Mahomet, Hamza, fut abattu par un coup de javelot d'un esclave éthiopien.

Hind, épouse d'Abu Sufyan, dont le père Utba bin Rabî'a avait été achevé par Ali et Hamza à Badr, alors qu'il gisait blessé sur le sol, et dont le frère et l'oncle avaient été tués au cours de cette même bataille, vint éventrer le cadavre de Hamza et lui couper les oreilles et le nez.

Sayyid Qutb considère que la bataille d'Uhud représente un modèle de démocratie musulmane (*shûra*), car Mahomet y suivit les conseils de certains

---

[132] Atallah, *La biographie du prophète Mahomet,* p. 227-228.

[133] Carré, *Mystique et politique,* p. 179.

[134] *Ibn Hichâm,* p 233-237.

de ses compagnons et décida d'attaquer les Quraych plutôt que de se contenter de résister au siège en restant à Médine[135].

Le récit de la bataille d'Uhud révèle surtout que Mahomet, si prompt à promettre le paradis à ceux qui mouraient en guerroyant pour Allah, n'était guère pressé de devenir lui-même martyr. Mahomet, encouragé peut-être par la victoire facile de Badr, se tint à Uhud tout près du champ de bataille contrairement à Badr où il était abrité dans une cabane. Il fut donc exposé aux attaques des adversaires et légèrement blessé.

Ibn Hichâm raconte comment Mahomet, blessé et couché sur le sol, demanda à ses jeunes disciples s'ils étaient prêts à donner leur vie pour sauver la sienne. Il fut alors entouré par de jeunes musulmans. Ziad ibn as-Sakan se battit ainsi de toutes ses forces et mourut la tête posée sur la jambe de Mahomet qui était à terre. Abu Dujâna fit de son corps un bouclier et mourut le dos criblé de flèches.

Tandis que Mahomet était ainsi couché, couvert par les corps de ses fidèles morts pour le protéger, la rumeur de son décès courut parmi les musulmans en fuite avant qu'un musulman ne s'aperçoive qu'il n'était que blessé et vienne le dégager[136].

Les Quraych n'étaient pas des tueurs et ils n'exploitèrent pas leur victoire qui était totale. Au lieu de profiter de l'occasion pour anéantir totalement son ennemi en déroute, Abu Sufyan se contenta de l'inviter à une nouvelle rencontre à Badr l'année suivante.

La position de Mahomet était moins brillante qu'après Badr, mais quelques temps plus tard il réussit à s'emparer des biens de la tribu juive des Banu Nadir qu'il distribua à ses fidèles.

Dépouillement et expulsion d'une seconde tribu juive.

Quelques mois après la bataille d'Uhud, Mahomet attaqua à Médine la tribu juive des Banu Nadir.

Mahomet s'était rendu chez les Banu Nadir, accompagné d'Abu Bakr, d'Omar et de d'Ali qui seront successivement califes après sa mort, pour leur demander de contribuer à payer le prix du sang pour le meurtre de deux hommes tués par erreur par le musulman 'Amr ibn Umayya. Les Banu Nadir s'engagèrent à lui donner tout ce qu'il voulait[137].

---

[135] Carré, *Mystique et politique*, p. 195.
[136] Atallah, *La biographie du prophète Mahomet*, p. 243-244.
[137] *Ibn Hichâm*, p. 256-258.

Mais en attendant que le montant de la somme demandée soit préparé, Mahomet fut soudain informé par le ciel que les Banu Nadir se préparaient à le tuer. Quittant précipitamment leurs quartiers, il rentra raconter à ses disciples le complot dont le ciel l'avait avisé[138].

Mahomet assiégea les Banu Nadir, pendant six nuits. Pour briser leur résistance, il ordonna de couper et brûler leurs palmiers alors qu'ils étaient barricadés dans leurs fortins.

Après avoir attendu en vain une aide promise par les Khazraj, leurs anciens alliés arabes, les Banu Nadir prirent peur et demandèrent à négocier la levée du blocus. Ils obtinrent la promesse d'avoir la vie sauve et de pouvoir quitter Médine avec leurs femmes, leurs enfants et les biens que pouvait emporter un chameau à l'exception des cuirasses et des armes. Ils partirent pour l'oasis juive de Khaybar où avait vécu la sybille à laquelle Abd-Allah, le père de Mahomet, devait la vie.

Mahomet répartit les terres et le riche butin ainsi obtenus entre les *muhajiroun* (disciples mecquois émigrés) et quelques *ançars* (disciples médinois) indigents. Il gardait toujours un cinquième de tout butin pour lui-même[139]. Deux membres de la tribu juive se convertirent à l'islam et purent conserver leurs biens.

Mahomet entreprit d'octobre 625 à août 626 quelques expéditions (razzias) dont celle de Dhat al-Riqa, où il fit faire « la prière de la peur » *(4,102)* qui règlemente l'organisation de la prière *(salat)* au cours des combats. Les musulmans des premiers rangs devant se battre en attendant que derrière eux leurs compagnons achèvent leurs prosternations, puis ces derniers venant occuper les premiers rangs pendant que leurs compagnons prient à leur tour.

(4,102) Et lorsque tu te trouves parmi eux, et que tu les diriges dans la Salat, qu'un groupe d'entre eux se mette debout en ta compagnie, en gardant leurs armes. Puis lorsqu'ils ont terminé la prosternation, qu'ils passent derrière vous et que vienne l'autre groupe, ceux qui n'ont pas encore célébré la Salat. A ceux-ci alors d'accomplir la Salat avec toi, prenant leurs précautions et leurs armes. Les mécréants aimeraient vous voir négliger vos armes et vos bagages, afin de tomber sur vous en une seule masse. Vous ne commettez aucun péché si, incommodés par la pluie ou malades, vous déposez vos armes ; cependant prenez garde. Certes, Allah a préparé pour les mécréants un châtiment avilissant.

---

[138] Stétié, *Mahomet*, p. 162.
[139] Stétié, *Mahomet*, p. 163.

La guerre est un « jeu de dupes » (mars 627)

Dans ses « recommandations tactiques »[140], Oussama Ben Laden a recommandé à ses frères musulmans d'avoir recours à la tromperie surtout pour le *jihad*. La bataille du fossé décrite par Ibn Hichâm illustre l'usage de la ruse et de la désinformation par Mahomet.

Cette bataille fut lancée en mars 627 par les Quraych avec la grande tribu des Ghatafan qui espéraient mettre un terme à l'insécurité générale, du fait que de nombreuses tribus ainsi que les caravanes étaient attaquées. Mahomet, prévenu par ses espions de l'arrivée des Quraych et des Ghatafan et suivant les conseils d'un fidèle perse, se retrancha avec ses combattants fit derrière un fossé[141].

Surpris par la présence du fossé, considéré une lâcheté selon les coutumes guerrières arabes, les assaillants se contentèrent d'assiéger Mahomet et ses troupes. Le siège fut très pénible pour les musulmans et l'un des « hypocrites » qui ne s'étaient retrouvés engagés qu'à contrecœur dans cet état de guerre aurait relevé sarcastiquement que Mahomet leur avait promis de jouir des trésors de Khosrô et de César, mais que pour l'instant pas un d'entre eux n'oserait sortir pour satisfaire un besoin naturel[142].

Finalement, Mahomet réussit à semer le doute et la discorde, entre les membres de la coalition, en envoyant un Ghatafan, secrètement converti à l'islam, profiter de la confiance que lui valaient ses liens familiaux pour diffuser de fausses nouvelles. Les historiens arabes précisent que Mahomet déclara à l'occasion que toutes les ruses et les mensonges sont permis aux combattants de l'Islam en vue de la victoire, car la guerre est un « jeu de dupes[143] ».

Le vent et la pluie rendirent la situation des assiégeants de plus en plus pénible. Perdant leur combativité, doutant les uns des autres suite aux faux renseignements répandus par l'agent de Mahomet, les Quraych et les Ghatafan finirent par décider de lever le siège.

Les troupes de Mahomet ne furent plus jamais confrontées à une coalition aussi dangereuse, et Mahomet réussit à abattre tous ceux qui lui résistaient en les affrontant séparément.

---

[140] Kepel. *Al-Qaida dans le texte*, p. 87.

[141] Atallah, *Ibn Hichâm*, p. 260.

[142] Stétié, *Mahomet*, p.156.

[143] Stétié, *Mahomet*, p. 157; « *War is deceit* » *Life of Muhammad*, p. 458.

Massacre de la troisième tribu juive médinoise. Médine « purement » musulmane !

Ce récit d'Ibn Hichâm relate le massacre de civils désarmés, dont de tous jeunes adolescents froidement égorgés, et la réduction en esclavage de femmes et d'enfants d'une tribu juive qui vivait depuis des siècles libre et en bons termes avec les Arabes. Mahomet s'empara évidemment des biens et des terres de ses victimes.

C'est en mai 627 que Mahomet attaqua la dernière tribu juive de Médine, les Banu Qurayza, affirmant que l'ange Gabriel lui était apparu et lui avait demandé de sortir son épée de son fourreau et de les combattre[144].

Les membres de la dernière tribu d'agriculteurs juifs de Médine possédaient les plus belles terres de l'oasis. Ils vivaient dans des fortins, éloignés du centre, où ils se réfugiaient pour se protéger des razzias. Les Banu Qurayza, très déprimés au bout de 25 nuits de siège, refusèrent néanmoins de se soumettre.

Leur chef Ka'b ibn Asad leur proposa alors de tuer leurs femmes et leurs enfants puis, dégagés de toute attache, de se défendre jusqu'à la fin ; mais cette solution leur parut encore plus inacceptable.

Les Banu Qurayza décidèrent de demander conseil à Abu Lubâba, un émigré allié de la tribu arabe des Aws qui avait été alliée des Banu Qurayza jusqu'à la venue de Mahomet à Yathrib/Médine.

Ibn Hichâm raconte qu'Abu Lubâba, pris de pitié en voyant les femmes et les enfants accourir vers lui en sanglotant, leur recommanda d'accepter le jugement de Mahomet tout en leur faisant signe de la main pour leur indiquer que Mahomet se préparait à les égorger.

Réalisant qu'en cherchant à prévenir les Banu Qurayza, du massacre qui les attendait, il avait trahi Mahomet, Abu Lubâba alla, dès son retour à Médine, s'attacher à un pilier de la mosquée. Il y demeura jusqu'à ce que Mahomet lui accorde le pardon d'Allah six jours plus tard.

Lorsque les Banu Qurayza décidèrent de se rendre, leurs anciens alliés, les Aws, se précipitèrent pour demander au prophète de l'islam de les traiter comme les Banu Qaynouqa.

Mahomet obtint des Aws l'engagement d'accepter le jugement de l'un des leurs. Il confia alors à un de ses plus proches compagnons, Sa'd ibn Mu'âdh qui était mal en point ayant été blessé par une flèche à la bataille du fossé, le soin de juger les Banu Qurayza.

---

[144] Atallah, *La biographie du prophète Mahomet*, p. 272.

Lorsque les Aws supplièrent Sa'd d'être magnanime avec les juifs, il répondit qu'il était temps pour lui d'être irréprochable avec Allah et non magnanime.

Après avoir obtenu de tous la promesse qu'ils respecteraient son jugement, Sa'd déclara que tous les hommes des Banu Qurayza devaient être tués, leurs femmes et leurs enfants déportés ou vendus en esclavage et tous leurs biens répartis entre les musulmans comme butin.

Mahomet ordonna d'égorger tous les hommes des Banu Qurayza, à partir du moment où ils avaient les poils de la puberté[145]. Il fit creuser des fossés sur la place du marché et y fit décapiter tous les hommes. Six cents à neuf cents personnes auraient été décapitées ce jour-là.

L'exécution des Banu Qurayza, derniers boucs émissaires médinois, cimenta l'union dans le crime entre les disciples de Mahomet.

Ibn Hichâm précise que ce sont principalement des Khazraj qui tranchèrent la gorge des juifs; mais que Mahomet, s'étant souvenu que les victimes étaient alliés des Aws, fit exécuter quelques hommes par ces derniers, donnant à tuer un juif pour deux Aws et recommandant que l'un frappe la victime et que l'autre l'achève[146].

Les versets (33, 26-27) évoquent l'épouvantable fin des juifs de Médine. *(33,26) Il a fait descendre de leurs fortins ceux des gens du Livre qui avaient soutenus les coalisés. Il a jeté l'effroi dans leurs cœurs. Vous en avez tué une partie et réduit les autres en captivité (esclavage).*
(33, 27). Il vous a fait hériter leurs terres, leurs demeures, leurs biens, et aussi une terre que vous n'aviez point foulée. Et Allah est Omnipotent.

La *Sirâ* précise que Mahomet prit pour lui le cinquième du butin, puis il distribua les quatre cinquième restants et acheta des chevaux et des armes dans la région du Najd contre une partie des juives vendues comme esclaves. Il garda pour lui une femme, Rayhana[147].

Il faut souligner que l'islam désapprouve le meurtre des femmes et des enfants qui ne sont pas dangereux et qui, faisant partie du butin, peuvent être vendus comme esclaves; surtout que selon le Coran les femmes sont exploitables comme esclaves sexuelles.

---

[145] Atallah, *Ibn Hichâm* p. 276-277.
[146] Ibid., p. 233.
[147] *Ibn Hichâm,* p. 280-281.

(4,3)Il est permis d'épouser deux, trois ou quatre, parmi les femmes qui vous plaisent, mais, si vous craignez de n'être pas justes avec celles-ci, alors une seule, ou des esclaves que vous possédez

(4,24) et parmi les femmes, les dames (qui ont un mari), sauf si elles sont vos esclaves en toute propriété. Prescription d'Allah sur vous ! ...

(33,52) Il ne t'est plus permis désormais de prendre [d'autres] femmes. Ni de changer d'épouses, même si leur beauté te plaît ; - à l'exception des esclaves que tu possèdes. Et Allah observe toute chose.

Le verset 4 de la sourate 65 évoque la répudiation des « épouses » qui ne sont pas encore pubères.

(65,4) Si vous avez des doutes à propos (de la période d'attente) de vos femmes qui n'espèrent plus avoir de règles, leur délai est de trois mois. De même pour celles qui n'ont pas encore de règles. Et quant à celles qui sont enceintes, leur période d'attente se terminera à leur accouchement. Quiconque craint Allah cependant, Il lui facilite les choses

La sourate VIII du Coran est consacrée au butin. L'appropriation du bien d'autrui, normalement interdite par les dix commandements, fut pratiquée comme un droit, et même un devoir, à l'encontre des personnes coupables « d'insoumission » envers Allah et son envoyé. Cette sanctification du pillage, et de l'extorsion d'un tribut, a justifié les razzias et les attaques contre tous les habitants de l'Arabie, dès l'installation de Mahomet à Yathrib.

(8,1) Ils t'interrogent au sujet du butin. Dis : "Le butin est à Allah et à Son messager." Craignez Allah, maintenez la concorde entre vous et obéissez à Allah et à Son messager, si vous êtes croyants.

(8, 41) Et sachez que, de tout butin que vous avez ramassé, le cinquième appartient à Allah, au messager....

Pour illustrer ses idées sur la répartition équitable des richesses et l'équilibre financier dans l'économie musulmane, Sayyid Qutb, le penseur des Frères Musulmans de Hassan el Banna et Tariq Ramadan, cite le verset *(59,7)*.

Selon les oulémas, ce verset décrit la répartition du butin pris par Mahomet aux habitants de l'oasis de Fadak, dont les habitants s'étaient rendus sans combat après avoir vu le sort fait aux cultivateurs de l'oasis de Khaybar attaquée par Mahomet.

(59,6) Le butin provenant de leurs biens et qu'Allah a accordé sans combat à Son messager, vous n'y aviez engagé ni chevaux, ni chameaux ; mais Allah donne à Ses messagers la domination... sur qui Il veut, et Allah est Omnipotent !

(59,7) Le butin provenant [des biens] des habitants des villes, qu'Allah a accordé sans combat à Son messager, appartient à Allah, au Messager, aux proches parents, aux orphelins, aux pauvres et au voyageur, afin que cela ne devienne pas un bien pour les riches d'entre vous. Prenez ce que le messager vous donne ; et ce qu'il vous interdit, abstenez-vous en ; et craignez Allah car Allah est dur dans ses représailles.

Le fait que le butin soit « *fay* », c'est-à-dire qu'il ait été pris sans combat à des malheureux qui ne se sont pas défendus, donnait à Mahomet (et plus tard aux califes) le droit d'en disposer en totalité et d'en distribuer une partie sans rien donner aux combattants musulmans.

Sayyid Qutb précise que ces distributions aux pauvres, des biens « pris » aux infidèles, sont une manifestation de l'égalitarisme prôné par l'islam[148].

Sayyid Qutb reconnaît qu'à Médine, le butin pris aux tribus juives avait largement contribué à améliorer la situation financière des disciples de Mahomet[149].

Les apologistes de Mahomet ne nient pas les razzias et les massacres. Ils s'efforcent de les passer sous silence ou alors de les justifier en rappelant la violence des mœurs du milieu où vivait le prophète de l'islam, ainsi que ses responsabilités politiques, pour tout excuser.

Mais l'étude approfondie de la *Sirâ* prouve que c'est Mahomet qui a introduit de la violence là où il n'y en avait pas. Ainsi le mois de ramadan qui était totalement pacifique avant l'islam est devenu un mois de *jihad* depuis l'expédition de Nakhla ; lorsque Mahomet a justifié le meurtre d'un pèlerin et la distribution du butin ramené par ses disciples.

---

[148] Carré. *Mystique et politique*, p. 342.
[149] O. Carré. *Mystique et politique*, p. 62.

V

Islamisation de la Mecque et extension du jihad

Traité de Hudaybiyyah

Fort d'un pouvoir désormais total à Médine, et grandissant dans la péninsule, Mahomet décida de défier les Mecquois chez eux en se rendant à la Mecque durant un mois sacré au cours duquel les Mecquois ne devaient pas combattre et ne pourraient donc pas se défendre.

Il se dirigea vers la Mecque, en mars 628, à la tête d'un important groupe de disciples, armés seulement de leurs épées, et s'arrêta à Hudaybiyyah à quelques kilomètres de la ville. Selon les traditions de l'Arabie préislamique, il n'était pas supposé guerroyer.

De nombreuses tribus, dont il avait obtenu la soumission, avaient refusé de se joindre à lui car elles étaient persuadées qu'il ne respecterait pas la trêve traditionnelle et qu'il attaquerait la ville. Mahomet chercha donc à éviter de lancer une guerre, qui romprait la paix sacrée préislamique sur le territoire sacré, pour ne pas provoquer des réactions négatives à son égard.

En mettant en avant de nombreux chameaux prêts pour le sacrifice rituel, il réussit à convaincre les supplétifs Abyssins, qui défendaient la Mecque, de la piété de ses intentions, et ils refusèrent de se battre pour lui en interdire l'accès puis il envoya Uthman négocier avec les Quraych. Comme Uthman tardait à revenir, Mahomet réunit ses disciples sous un arbre et leur fit prêter serment d'accepter ses décisions en toutes circonstances[150].

Les Quraych, affaiblis par la décision des Abyssins de ne pas combattre des pèlerins, furent contraints de négocier et Uthman finit par revenir. Mahomet réussit alors à décrocher habilement un accord dont le principal mérite fut la reconnaissance officielle de sa puissance.

Un armistice de dix ans fut conclu et les Mecquois s'engagèrent à évacuer la ville pendant trois jours l'année suivante pour permettre à Mahomet et ses disciples d'effectuer un pèlerinage[151]. Ce traité qui reconnaissait l'autorité et le pouvoir de Mahomet mit officiellement, mais temporairement, un terme à la guerre avec les Quraych.

---

[150] Atallah, *La biographie du prophète Mahomet*, p. 302-305.
[151] Guillaume, *The life of Muhammad*, p. 504.

L'exemple de Hudaybiyyah a toujours servi de référence aux musulmans (comme tout ce que fit Mahomet) pour la conclusion d'accords de paix dont la durée ne devrait, théoriquement, pas excéder dix ans. Cette précarité de la paix islamique n'a pas échappé au génie politique de Talleyrand dont la bonne ville d'Autun avait été occupée et saccagée par les musulmans en 725.

Alors qu'il était ministre des Relations extérieures du Directoire, le prince de Bénévent a comparé, dans une étude de philosophie politique, les traités de paix signés par la République Française à ceux que signent les musulmans. L'évêque d'Autun a expliqué que la haine subsistant faisait en réalité de ces traités de simples trêves semblables à celles que les musulmans concluent avec les infidèles sans jamais prendre des engagements pour une paix définitive[152].

Poursuite des attaques contre les Quraych, malgré le traité de paix.

Un jeune partisan de Mahomet, Abu Baçir Utbah b.Usayd, réussit à se rendre à Médine après le traité de Hudaybiyyah. Lorsqu'un envoyé de sa famille se présenta pour demander qu'il soit renvoyé chez lui, conformément au traité, Mahomet se plia à l'accord ; mais en chemin le jeune musulman profita de la halte déjeuner pour assassiner son gardien le dépouiller et revenir sur ses pas.

Mahomet refusa alors d'héberger Abu Baçir à Médine ainsi que d'accepter le cinquième du « butin » qu'il avait ramené. Il lui conseilla cependant d'aller se cacher près de la côte de la mer Rouge, sur la route utilisée par les caravanes des Quraych, et il émit à haute voix le souhait de voir Abu Baçir disposer de quelques hommes.

Des disciples de Mahomet, se conformant aux vœux de ce dernier, se joignirent alors au nouveau partisan.

Le groupe ainsi composé de près de soixante-dix hommes continua à attaquer les Quraych et leurs caravanes, les privant donc de la paix théoriquement garantie par le traité. Les Quraych finirent par demander à Mahomet de prendre Abu Bacir à Médine[153].

---

[152] Waresquiel, *Talleyrand, le prince immobile*, p. 219.
[153] Watt, W.M. *Mahomet*, p 290; Atallah, *Ibn Hichâm*, p. 310-311.

Les juifs de Khaybar réduits en dhimmitude (juin 628)

Les musulmans qui s'étaient mis en route pour la Mecque avec Mahomet furent déçus lorsque Mahomet conclu l'armistice de Hudaybiyyah au lieu de les mener à la conquête de la ville.

L'attaque de l'oasis agricole de Khaybar est considérée par les oulémas, comme une compensation à cette frustration. L'important butin de Khaybar ne fut distribué qu'à ceux qui avaient accompagné Mahomet à Hudaybiyyah et avaient prêté serment sous l'arbre[154]. Les versets (48,18-21) sont généralement liés par les oulémas aux évènements de Hudaybiyyah et de Khaybar.

(48, 18) Allah a été très satisfait des croyants quand ils t'ont prêté le serment d'allégeance sous l'arbre. Il a su ce qu'il y avait dans leurs cœurs, et a fait descendre sur eux la quiétude, et Il les a récompensés par une victoire proche

(48,19) ainsi que par un abondant butin qu'ils emporteront. Allah est Puissant et Sage

(48,20) Allah vous a promis un abondant butin et Il s'est hâté de vous l'accorder et a repoussé de vous les mains des gens, afin que tout cela soit un signe pour les croyants et qu'Il vous guide sur la Voie droite.

(48,21) Il y a d'autres butins dont vous ne pourriez pas vous emparer seuls, mais qu'Allah a déjà en Son pouvoir, car Allah est Omnipotent.

La pacifique population de Khaybar, où s'était réfugiée la tribu des Banu Nadir précédemment bannie de Médine, fut surprise par les disciples de Mahomet un matin alors que les cultivateurs, portant leurs bêches, se mettaient en route pour leurs champs. Les habitants ne résistèrent pas longtemps à cette attaque, surtout que leurs alliés des Ghatafan qui venaient à la rescousse rebroussèrent chemin à la suite d'une fausse rumeur diffusée par Mahomet faisant état d'une offensive contre leurs domiciles.

Pour obtenir des renseignements au sujet de l'épargne des Banu Nadir, Mahomet fit torturer leur trésorier Kinâna b.al-Rabib avant de le faire égorger, puis il épousa la veuve de Kinâna, la belle Safiya. Les habitants de Khaybar furent autorisés à continuer à travailler sur les terres, qui ne leur appartenaient plus, en échange d'un tribut et Mahomet se réserva le droit de les bannir quand il le jugerait bon[155].

Le traitement des juifs de Khaybar est conforme aux enseignements du verset (9,29).

---

[154] Carré, *Mystique et politique*, p. 54.
[155] Stétié, *Mahomet*, p 166; Guillaume, *The life of Muhammad*, p. 515.

(9,29). Combattez ceux qui ne croient ni en Allah ni au Jour dernier, qui ne s'interdisent pas ce qu'Allah et Son messager ont interdit et qui ne professent pas la Vraie Religion, parmi les Gens du Livre, jusqu'à ce qu'ils versent le tribut –jizya- de leurs propres mains et soient humiliés.

Apprenant le malheur des habitants de Khaybar, les cultivateurs d'une autre oasis juive, celle de Fadak, acceptèrent de payer un tribut et de se soumettre[156].

Fadak s'étant livrée sans combattre, tout le butin pris aux habitants devint propriété personnelle de Mahomet qui n'était pas tenu de le partager avec ses combattants.

(59,7). Le butin provenant [des biens] des habitants des cités, qu'Allah a accordé sans combat à Son messager, appartient à Allah et au messager....

Conquête de la Mecque (630) et *jihad* en territoire romain.

Le *jihad* ne faiblit pas durant les années qui suivirent le pacte de Hudaybiyyah. Des expéditions furent régulièrement lancées contre les petites tribus indépendantes qui n'avaient pas encore prêté le serment d'allégeance, puis s'étendirent en territoire romain. L'attaque de Mu'tah en Syrie, non loin de la mer morte, témoigne des intentions expansionnistes de Mahomet. Les activités guerrières des disciples de Mahomet furent également entretenues par des manœuvres, telles celles de la bande d'Abu Baçir.

Deux ans après Hudaybiyyah, un incident opposa des tribus respectivement alliées les unes à Mahomet et les autres aux Mecquois qui refusaient encore de se soumettre.

Mahomet, estimant que l'évènement signifiait une rupture du traité de la part des Quraych, décida d'attaquer la Mecque, à la tête d'une immense armée, en plein mois sacré de Ramadan au cours duquel la guerre était traditionnellement interdite.

Le pacte de Hudaybiyyah avait été obtenu lors d'une menace d'attaque au cours d'un mois de paix sacrée. Le risque de guerre cette fois était plus sérieux car Mahomet ne feignait pas un pèlerinage, mais préparait ses hommes à lancer un assaut.

Le puissant commerçant Abu Sufyan, l'un des derniers chefs mecquois ayant survécu aux carnages des dernières années et dont Mahomet avait épousé la fille, Umm Habiba, était conscient du danger. Il réussit à

---

[156] Guillaume, *The life of Muhammad*, p. 515.

empêcher de nouveaux combats en rencontrant Mahomet grâce à une médiation d'Abbas, l'oncle de Mahomet qui exerçait toujours à la Mecque la charge de *Siqaya* dévolue à sa famille depuis la découverte du puit sacré de Zamzam.

Averti par Abbas que « sa tête pourrait rouler en présence de Mahomet » s'il ne se décidait pas à reconnaitre qu'il n'y avait de dieu qu'Allah et que Mahomet était son envoyé, Abu Sufyan prononça la formule rituelle. Cette déclaration de soumission permit à l'adroit commerçant, dont le fils Muawiya deviendra calife, d'obtenir l'assurance que les Quraych qui ne se battraient pas auraient la vie sauve[157].

Les Quraych, assurés par Abu Sufyan qu'ils ne risquaient rien s'ils s'enfermaient chez eux ou s'abritaient dans la Ka'ba, renoncèrent finalement à résister à Mahomet. Ils se rendirent sans combattre.

La Mecque fut conquise (*fath*) en janvier 630, Mahomet entra alors à la Ka'ba et jeta à terre toutes les idoles sauf la pierre noire découverte par son grand-père. Il détruisit lui-même une colombe en osier et il ordonna que les fresques, représentant des anges et d'autres personnages, soient recouvertes, mais il prévint la destruction d'une icône représentant Jésus et Marie[158].

La colombe est depuis la naissance du christianisme un important symbole chrétien, puisque le Saint-Esprit descendit sous la forme d'une colombe sur le Christ lors de son baptême; la croix ne devint symbole chrétien qu'à partir du IVe siècle.

Il est légitime de se poser des questions au sujet du soi-disant paganisme fanatique et de la *jahiliyya* (l'ignorance), dont sont accusés les Quraych qui ont résisté à Mahomet, lorsque la *Sirâ* révèle la présence d'une colombe en osier, de peintures représentant des anges ainsi que la présence d'une icône de Jésus et de Marie dans un lieu de culte où il était interdit d'être violent et de se battre.

Selon l'islam, tout ce qui est préislamique appartient à l'époque méprisable, et même maudite, de la *jahiliyya*. Il faut espérer, cependant, que des fouilles permettront d'en savoir davantage au sujet de cette culture préislamique de la Mecque, Médine, Taif ou Khaybar. Espérer que les traces des cultures préislamiques en Arabie n'ont pas été totalement détruites par Mahomet et ses successeurs.

---

[157] Atallah, *Ibn Hichâm*, p. 335-336; *Sirâ II*, p. 402-404.
[158] Guillaume, *The life of Muhammad*, p. 552; *Sirâ II*, p. 411-412

Mahomet, satisfait d'avoir obtenu la soumission des Quraych qu'il souhaitait mobiliser pour son projet de conquête des territoires voisins, et conscient de la méfiance et la haine que son *jihad* avait suscité, se montra plus tolérant qu'il ne l'avait été avec les pacifiques tribus juives qu'il avait bannies ou massacrées.

Quelques personnes bien précises, dont des poètes qui avaient critiqué Mahomet, furent exécutées, mais Mahomet se conforma plutôt aux traditions arabes du prix du sang avec les Quraych dont il souhaitait obtenir le soutien. Il offrit même des cadeaux exceptionnels à certaines personnalités.

Le futur calife Uthman se présenta devant Mahomet avec son frère de lait, Abdallah b. Saad, qui avait été condamné à Médine pour avoir apporté des modifications à la révélation divine dictée par Mahomet puis avoir apostasié et fui à la Mecque. Uthman demanda l'immunité d'Abdallah. Mahomet, après un très long moment de silence, la lui accorda. Mahomet dira plus tard avoir espéré que l'un des musulmans présents se serait précipité pour assassiner Abdallah avant qu'il n'ait donné sa réponse[159].

Mais les souffrances causées par les longues années de guerre ne furent pas vite oubliées. Hind bint Utba (Utba ibn Rabî'a qui avait été tué à Badr), épouse d'Abu Sufyan, et mère du futur calife Muawiya, qui était une femme forte et intelligente, estimait que Mahomet était responsable de la mort de son père, son frère, son oncle et l'un de ses fils, tous tués à la bataille fratricide de Badr[160]. Au cours de la cérémonie de la **baiy'a** (serment d'allégeance), après la prise de la Mecque, Hind a reproché à Mahomet d'avoir tué à Badr les enfants qu'elle avait élevés quand ils étaient petits[161].

Une fois la Mecque conquise, Mahomet envoya ses fidèles contraindre les tribus des environs à la soumission. La docilité ne protégeait pas toujours de la violence ambiante; ainsi Khalid ibn al-Walid égorgea les hommes des Banu Jadhima désarmés après s'être soumis. Mahomet le blâma et fit payer par Ali le prix du sang à la tribu soumise[162].

Puis Mahomet ordonna à Ali d'aller détruire le temple d'al-Uzza à Nakhla et décida d'aller affronter les Thaqif, associés aux Hawazin, qui avaient choisi de lui résister.

---

[159] Guillaume, *The life of Muhammad*, p. 550.
[160] *The life of Muhammad*, p. 358.
[161] Leila Ahmed, *Women and gender in Islam*, p. 57; *The life of Muhammad*, p. 553.
[162] Atallah, *Ibn Hichâm*, p. 343-344; *Sirâ II*, p. 428-436.

L'affrontement eut lieu dans la vallée de Hunayn près de Taif. Les troupes de Mahomet, surprises par le nombre et la combativité des Hawazin et des Thaqif, commencèrent par fuir dans une pagaille totale malgré les appels de Mahomet.

Mahomet demanda alors à son oncle Abbas, qui était tout près de lui et qui avait une voix puissante, de rameuter les *ançars* en leur rappelant le serment fait sous l'arbre à Hudaybiyyah. L'évocation du serment prêté sous l'arbre ranima le courage des *ançars*. Le prophète de l'islam observa avec satisfaction que la bataille faisait rage et que ses hommes reprenaient le dessus[163].

Les disciples de Mahomet poursuivirent les Hawazin qui se repliaient. Un des musulmans découvrit, dans le palanquin d'un chameau en fuite, un poète très âgé, Durayd ibn aç-Çumma, qu'il décapita. Mahomet rappela à l'occasion de cette bataille qu'il était interdit de tuer les femmes, les enfants et les esclaves qui faisaient partie du butin.

Il ordonna de regrouper à Ji'rana l'énorme butin qui comprenait, selon la *Sirâ*, un nombre incalculable de moutons et de chameaux ainsi que des milliers de femmes et enfants captifs. Chaque combattant avait droit aux dépouilles des hommes qu'il avait tués.

Mahomet puisa dans cet abondant butin pour acheter le ralliement de Mecquois qui avaient des raisons de lui en vouloir.

Safwan ibn Umaya, dont le père avait été tué à Badr, reçut de Mahomet un terrain avec un magnifique troupeau de moutons et trois cent chameaux qui faisaient partie de ce butin pris à la bataille de Hunayn[164].

Mahomet offrit également des onces d'argent et des chameaux à Abu Sufyan et à ses fils Muawiya et Yazid ainsi qu'à de nombreuses autres personnalités.

Une délégation des Hawazin, devenus musulmans, vint rappeler à Mahomet qu'ils descendaient des mêmes ancêtres et que parmi les femmes parquées dans les enclos à bétails se trouvaient ses tantes, paternelles et maternelles, ainsi que ses nourrices. Sommés par Mahomet de choisir entre leurs biens et leurs familles, ils choisirent leurs femmes et leurs enfants.

Mahomet accepta de restituer les femmes et les enfants qui faisaient partie de sa part du butin ainsi que ceux qui revenaient aux Banu 'Abd al-

---

[163]Atallah, *Ibn Hichâm*, p. 349-351; *Sirâ II,* p. 442-448.
[164] Tor Andrae, *Mohammed,* p. 167; Atallah, p. 363.

Muttalib. La majorité des musulmans se sentit contrainte d'imiter l'envoyé d'Allah mais quelques-uns résistèrent et ne voulurent rien céder.

Mahomet imagina alors un habile montage financier qui lui permit de mener à bien la transaction proposée aux Hawazin. Il annonça à ceux qui refusaient de rendre leurs prisonnières que s'ils renonçaient à leurs droits ils recevraient six actions à valoir sur le prochain butin en compensation de chaque captive rendue[165].

Mahomet songea également à exploiter l'important butin raflé à Hunayn, en vue d'obtenir le ralliement des Thaqif. Il fit transmettre à Malik ibn 'Awf, un des chefs des Thaqif, une offre de lui rendre sa famille et tous ses biens en y ajoutant cent chameaux s'il se convertissait à l'islam. Malik accepta l'offre de Mahomet qui le nomma chef des hommes de sa tribu qui étaient devenus musulmans. Le nouveau disciple combattit désormais ses compatriotes, les attaquant dès qu'ils s'aventuraient hors des remparts de la ville[166].

En mars 630 Mahomet décida d'attaquer Taif dont les habitants, à l'esprit caustique, s'étaient moqués de lui quelques années auparavant.

La ville montagneuse au sol fertile, réputée pour ses vergers et ses vignes, s'était préparée à subir un long siège. Les habitants refusèrent absolument de sortir, même pour affronter des musulmans en combats singuliers. Mahomet fit construire une mosquée sur une propriété Thaqif non loin des remparts et utilisa pour la première fois des catapultes et même des sortes de béliers primitifs. Mais ses fidèles étaient toujours accueillis par des pluies de flèches et mouraient sans pouvoir progresser sur le terrain.

Mahomet fit annoncer aux esclaves de Taif que tous ceux qui rejoindraient les musulmans seraient affranchis ; une vingtaine d'esclaves parvint à sortir et lui apprit que les Thaqif avaient des provisions leur permettant de soutenir une année de siège. Il décida alors qu'il était inutile de continuer à camper sur place et qu'il valait mieux attendre que les Thaqif, isolés du reste de l'Arabie et toujours en danger d'être attaqués s'ils se risquaient hors de leurs forts, évaluent eux-mêmes les limites de leur résistance[167].

Après quelques mois de repos à Médine, Mahomet ordonna à ses fidèles de se préparer à conquérir le pays des romains. Il exhorta tous les

---

[165] Atallah, *Ibn Hichâm*, p. 359-361; *Sirâ II*, p. 488-500.

[166] Atallah, *Ibn Hichâm*, p. 361, *Sirâ II*, p.491-492.

[167] Atallah, *La biographie du prophète Mahomet*, p. 356-358; *Sirâ II*, p. 482-485.

musulmans à participer à une importante expédition qui visait à imposer l'islam au-delà des frontières de l'Arabie, mais il ordonna à Ali de rester à Médine pour prendre soin de sa famille.

Les musulmans, qui voulaient juste continuer à vivre en paix et ne souhaitaient pas se mettre en route pour combattre d'autres peuples, et les contraindre à la soumission, furent anathématisés, traités d'hypocrites et de lâches, comme en témoignent de nombreux versets coraniques.

9,38) Ô vous qui croyez ! Qu'avez-vous ? Lorsque l'on vous a dit : "élancez-vous dans le sentier d'Allah" ; vous vous êtes appesantis sur la terre. La vie présente vous agrée-t-elle plus que l'au-delà ? - Or, la jouissance de la vie présente ne sera que peu de chose, comparée à l'au-delà !

(9,42) S'il s'était agi d'un profit facile ou d'un court voyage, ils t'auraient suivi ; mais la distance leur parut longue. Et ils jureront par Allah : "Si nous avions pu, nous serions sortis en votre compagnie." Ils se perdent eux-mêmes. Et Allah sait bien qu'ils mentent.

(9,44) Ceux qui croient en Allah et au Jour dernier ne te demandent pas permission quand il s'agit de mener combat avec leurs biens et leurs personnes. Et Allah connaît bien les pieux.

(9, 56) Et ils (les hypocrites) jurent par Allah qu'ils sont vraiment des vôtres ; alors qu'ils ne le sont pas. Mais ce sont des gens peureux.

(33,16) Dis : "Jamais la fuite ne vous sera utile si c'est la mort (sans combat) ou le meurtre (dans le combat) que vous fuyez ; dans ce cas, vous ne jouirez (de la vie) que peu (de temps)".

En octobre 630, Mahomet se mit en route vers Tabuk, qui se trouve non loin du golfe d'Aqaba et de la frontière jordanienne actuelle. Il y séjourna une quinzaine de jours au cours desquels il contraignit des rois, chefs de tribus, ou notables locaux à la soumission et à payer un tribut pour avoir la paix.

Il lança Khalid ibn al-Walid contre Ukaydir, le roi chrétien de Duma. Les musulmans attaquèrent Ukaydir qui chassait avec des membres de sa famille. Ils enlevèrent le roi, que Khalid envoya à Mahomet, et tuèrent son frère. La *Sirâ* décrit l'émerveillement des musulmans à la vue du beau manteau en velours brodé d'or porté par Ukaydir lors de son enlèvement. Ukaydir obtint la vie sauve contre le paiement de la *jizya*.

Quelques chefs locaux se présentèrent spontanément pour offrir de payer un tribut en échange de la paix. Tel fut le cas de Yuhanna (Jean) ibn Ru'bua, maître d'Ayla, qui, comme son prénom l'indique, était sans doute chrétien. Les notables de Jaba et d'Udhruh achetèrent également la paix au prix d'un tribut annuel à Mahomet[168].

Une grande tribu juive et une grande tribu chrétienne acceptèrent à Tabuk la réduction en dhimmitude et le paiement de la *jizya*[169], comme l'avaient fait les habitants de Fadak terrorisés par la violence de Mahomet et ses disciples.

Au retour de Tabuk, les musulmans, qui avaient choisi de ne pas participer à la guerre de conquête sans excuses valables, furent sanctionnés.

L'assujettissement de l'Arabie se poursuivit sans relâche. Pour ne pas être attaquées, de nombreuses tribus se déclarèrent musulmanes ou acceptèrent de payer un tribut. Les Thaqif, qui ne pouvaient plus sortir de leur ville ni emmener paître leurs troupeaux sans risquer d'être agressés, envoyèrent à Médine des ambassadeurs qui récitèrent la profession de foi musulmane et signèrent un accord de paix avec Mahomet.

Abu Sufayn et Mughira ibn Chu'ba furent délégués à Taif pour détruire le temple d'al-Lât et ramener avec eux les biens de la déesse, dont ses bijoux en or et ses perles du Yémen[170].

Désormais toutes les statues et les monuments de l'idolâtrie, devaient être détruits et toutes les pratiques de l'islam devaient être respectées par tous ceux qui avaient récité la profession de foi islamique, la *shahada*[171].

En 631, Mahomet, dont le pouvoir était désormais pratiquement incontesté dans la péninsule, déclara avoir reçu d'Allah une révélation prescrivant le reniement de tous les engagements pris avec les non-musulmans.

Les promesses de permettre l'accès à la Mecque à tous sans distinction, conformément aux traditions préislamiques des Quraych, devaient donc être définitivement trahies.

(9,1) Désaveu de la part d'Allah et de Son messager à l'égard des associateurs avec qui vous avez conclu un pacte :

Les chrétiens et les juifs, qui avaient toujours eu accès à la Mecque et qui sont accusés d'associer d'autres dieux à Allah, (et sont donc des polythéistes) sont depuis bannis de la Mecque.

---

[168] Atallah, *Ibn Hichâm*, p. 367-370; *Sirâ II*, p. 515-537.

[169] Ramadan, *Muhammad, vie du Prophète*, p. 327.

[170] *Ibn Hichâm*, pp. 375-376; *Sirâ II*, pp. 539-543.

[171] Ramadan, *Muhammad*, p. 330.

(5,116) (Rappelle-leur) le moment où Allah dira : "Ô Issa (Jésus), fils de Mariam, est-ce toi qui as dit aux gens : "Prenez-moi, ainsi que ma mère, pour deux divinités en dehors d'Allah ? " Il dira : "Gloire et pureté à Toi ! Il ne m'appartient pas de déclarer ce que je n'ai pas le droit de dire !
(9,30) Les Juifs disent : "Uzayr est fils d'Allah" et les Chrétiens disent : "Le Christ est fils d'Allah". Telle est leur parole provenant de leurs bouches. Ils imitent le dire des mécréants avant eux. Qu'Allah les anéantisse! Comment s'écartent-ils (de la vérité)?

Ali, chargé par Mahomet de proclamer les nouvelles mesures qui seraient désormais appliquées, se rendit à la Mecque avec les pèlerins musulmans dirigés par Abu Bakr.

Le jour des Sacrifices, il proclama la déclaration de Mahomet qui annonçait que jamais un homme impie *(Kafir)* n'entrerait au paradis et que désormais aucun « polythéiste » ne serait admis sur les lieux du pèlerinage. Ali précisa que désormais les « polythéistes » ne jouiraient plus d'aucune protection et qu'ils avaient quatre mois pour prendre les mesures nécessaires pour assurer leur sécurité.

(9, 28) Ô vous qui croyez ! Les associateurs sont impurs : Après cette année-ci qu'ils ne s'approchent plus de la Mosquée sacrée. Et si vous redoutez la pauvreté, bientôt Allah vous enrichira, s'Il veut. Car Allah est Omniscient et Sage.

Ali informa également les pèlerins que la nudité était dorénavant interdite lors de la circumambulation *(tawaf)*. En effet, dans l'Arabie préislamique, certains pèlerins choisissaient de circuler dépouillés de tous leurs vêtements, dans l'espace sacré mecquois, en signe d'humilité.

Le territoire de la Kaaba est, depuis lors, toujours *« Haram »* et interdit aux non-musulmans « impurs ». La diversité heureuse de la Mecque où se rassemblaient des pèlerins et des voyageurs de toutes races et de toutes croyances, pour prier, commercer et s'affronter en joutes oratoires animées autour de poètes juifs, chrétiens ou païens fut définitivement enterrée par la prise de pouvoir de Mahomet.

Tout au long des mois qui suivirent la purification de la Mecque, de tous les non-musulmans, des délégations de tribus vinrent déclarer leur soumission à Mahomet. Parfois Mahomet priait Allah de le débarrasser des personnes dont il se méfiait, mais généralement la profession de foi se faisait sans problèmes et des musulmans accompagnaient les nouveaux disciples pour leur expliquer l'islam et collecter l'aumône ou le tribut.

Mahomet envoya également Khalid ibn al-Walid à Najran avec l'ordre d'appeler trois fois les habitants à se soumettre avant de leur livrer bataille. Les chrétiens de cette ville de l'« Arabie Heureuse » évitèrent la guerre en se soumettant. Mahomet, avisé de cette soumission rapide, demanda à Khalid ibn al-Walid de rentrer et d'amener avec lui une délégation de convertis.

Mahomet fut dans un premier temps contrarié par les réponses de ces délégués et leur déclara que si Khalid ne lui avait pas dit qu'ils s'étaient convertis sans combattre, il aurait jeté « leur tête à leurs pieds », puis il leur demanda comment ils remportaient leurs victoires sur leurs ennemis avant l'islam. Lorsque les Najranais répondirent qu'ils ne remportaient de victoire sur personne, Mahomet insista disant qu'il savait qu'ils avaient toujours le dernier mot avec ceux qui s'opposaient à eux ; les délégués répondirent alors qu'ils étaient tous unis sans discorde et qu'ils ne prenaient jamais l'initiative d'une injustice envers quiconque.

Mahomet, satisfait, les renvoya dans leur pays accompagnés de musulmans chargés de récolter les dons et de leur expliquer l'islam[172].

Quelques mois avant sa mort, Mahomet accomplit le pèlerinage désormais connu comme le pèlerinage de l'adieu au cours duquel il sacrifia de nombreuses victimes. Il annonça aux musulmans qu'il accomplissait peut-être son dernier pèlerinage, il leur rappela qu'Allah les autorisait à mettre en quarantaine et à battre sans excès leurs épouses si elles commettaient de mauvaises actions, mais qu'ils devaient bien les traiter car elles ne sont qu'un dépôt qu'Allah leur a confié[173].

(4,34) Les hommes ont autorité sur les femmes, en raison des faveurs qu'Allah accorde à ceux-là sur celles-ci … Et quant à celles dont vous craignez la désobéissance, exhortez-les, éloignez-vous d'elles dans leurs lits et frappez-les…

Les dernières recommandations de Mahomet sont toujours d'actualité comme en témoigne une vidéo mise en ligne en février 2016 par le thérapeute familial saoudien Khaled Al-Saqabi, qui y offre ses conseils concernant les manières de battre les épouses[174].

Mahomet aurait déclaré, alors sur le mont Arafat, le verset (5,3) qui est considéré être le dernier verset coranique révélé :

(5,3) Vous sont interdits la bête trouvée morte, le sang, la chair de porc, ce sur quoi on a invoqué un autre nom que celui d'Allah, la bête étouffée, la bête assommée ou morte d'une chute ou morte d'un coup de corne, et celle qu'une bête féroce a dévorée - sauf celle que vous égorgez avant qu'elle ne soit morte -. (Vous sont interdits aussi la bête) qu'on a immolée sur les pierres dressées, ainsi que de procéder au partage par tirage au sort au

---

[172] Atallah, *Ibn Hichâm*, p. 392-394; *Sirâ II*, p. 592-601.

[173] *Ibn Hichâm*, p. 395-397; *Sirâ I*, p. 601-606.

[174] youtube.com/watch?v=C9bRjK464Uw

moyen de flèches. Car cela est perversité. Aujourd'hui, les mécréants désespèrent (de vous détourner) de votre religion : ne les craignez donc pas et craignez-Moi. Aujourd'hui, J'ai parachevé pour vous votre religion, et accompli sur vous Mon bienfait. Et J'agrée l'Islam comme religion pour vous. Si quelqu'un est contraint par la faim, sans inclination vers le péché... alors, Allah est Pardonneur et Miséricordieux.

Mahomet aurait ensuite envoyé des messagers munis de lettres invitant les souverains étrangers à devenir musulmans. Il aurait ainsi écrit à César le roi des Romains, à Khosrô, roi des Perse, à Muqawqis, roi d'Alexandrie, au Négus. Empereur d'Abyssinie, aux rois d'Oman, de Bahrayn et du Yémen, et à Harîth le roi des Ghassan Arabes.

Mahomet aurait rappelé alors à ses messagers qu'il leur confiait le même message que Jésus avait confié à ses apôtres et leur aurait demandé de ne pas manquer de zèle, comme les apôtres, au sujet desquels Jésus avait dû se plaindre à Allah[175].

Au cours de l'organisation d'une nouvelle expédition en vue d'envahir la Syrie, Mahomet commença à se sentir mal, puis son état se détériora rapidement.

Il demanda alors à ses épouses de renoncer à leurs nuits avec lui pour qu'il puisse rester au domicile d'Aïcha qu'il avait épousée une dizaine d'année auparavant, alors qu'elle avait 7 ans, ct qu'il aimait particulièrement. Il chargea Abu Bakr, père d'Aïcha, de diriger la prière. Le 8 Juin 632 Mahomet rendit l'âme, la tête posée sur les genoux de son épouse favorite.

Le beau-père de Mahomet, Abu Bakr As-Siddiq (632-634), puis ses gendres, Omar ben Khattab (634-644), Othman ibn Affan, (644-656) et Ali ibn Abu Taleb (656-661) se succédèrent à la tête de la communauté musulmane et poursuivirent, au nom d'Allah, la politique de conquête entamée par Mahomet. Ces califes dits« biens guidés » (*rashidoun*), sont considérés avoir été les plus fidèles aux enseignements de Mahomet.

Le premier calife, Abu Bakr, a réprimé toutes les tentatives des Arabes de retrouver leur liberté; car, selon Aïcha, après la mort de Mahomet le judaïsme et le christianisme ont relevé la tête, les Arabes ont apostasié, et la désaffection est apparue[176].

Sous Omar ben Khattab, qui succéda à Abu Bakr, tous les non-musulmans furent expulsés d'Arabie, en conformité avec les dernières

---

[175]*Ibn Hichâm*, p. 397-398; *Sirâ II*, p. 606-608.
[176] Guillaume, *The life of Muhammad*, p. 689.

volontés de Mahomet qui aurait dit qu'il ne fallait laisser qu'une seule religion dans l'île des Arabes[177].

Les luttes internes pour le pouvoir, les personnalités des différents califes, maharajas, sultans ou autres souverains, ont pu ralentir l'importance du *jihad* au nom d'Allah. Mais la politique de Mahomet, celle des razzias, des massacres, de l'assujettissement du plus grand nombre possible d'habitants, du partage du butin et de la réduction en esclavage n'a jamais été dénoncée, ni remise en question. Suivant l'exemple de Mahomet, les différents souverains musulmans doivent mener un *jihad* continu pour imposer un pouvoir musulman à tous les peuples.

Le nouvel « État Islamique » qui a vu le jour au XXIe siècle, s'est empressé de mettre en pratique le *jihad* et les enseignements décrits dans la *Sirâ* et les versets coraniques.

---

[177] Atallah, *Ibn Hichâm*, p. 415; *Sirâ II*, p. 662-671.

VI

Musulmans persécutés ou persécuteurs

(9.111) Certes, Allah a acheté des croyants, leurs personnes et leurs biens en échange du Paradis. Ils combattent dans le sentier d'Allah : ils tuent, et ils se font tuer. C'est une promesse authentique qu'Il a prise sur Lui-même dans la Thora, l'Évangile et le Coran ...

Allah a acheté les croyants; ils doivent combattre, tuer et être tués. Il est donc difficile d'échapper à la violence létale de l'islam, et les musulmans semblent condamnés à devenir des victimes s'ils ne deviennent pas des tueurs.

L'étude critique de l'islam est rendue difficile à cause de la confusion entre islam et musulmans, car toute critique de l'islam est assimilée à une critique de tous les musulmans.

Il est évident qu'il existe bien un islam basé sur le Coran, interprétable à la lumière du modèle idéal, parfait, qu'est Mahomet; mais les musulmans sont différents les uns des autres. Ils ont des personnalités et des éducations différentes et sont influencés par les cultures préislamiques de leurs ancêtres. Les musulmans qui défendent leur droit de vivre en paix avec les non-musulmans sont généralement victimes de leurs coreligionnaires croyants qui les accusent de ne pas « marcher dans le sentier d'Allah ».

Des musulmans ont déjà été persécutés à Yathrib/Médine où des habitants de l'oasis, qui avaient été contraints de se soumettre à Mahomet mais qui ne souhaitaient pas participer aux guerres qu'il lançait, furent accusés d'être des hypocrites et sanctionnés.

(33,12) Et quand les hypocrites et ceux qui ont la maladie [le doute] au cœur disaient : "Allah et Son messager ne nous ont promis que tromperie".

(33,13) De même, un groupe d'entre eux dit : "Gens de Yatrib ! Ne demeurez pas ici. Retournez [chez vous]". Un groupe d'entre eux demande au Prophète la permission de partir en disant : "Nos demeures sont sans protection", alors qu'elles ne l'étaient pas : ils ne voulaient que s'enfuir.

(33,14) Et si une percée avait été faite sur eux par les flancs de la ville et qu'ensuite on leur avait demandé de renier leur foi, ils auraient accepté certes, et n'auraient guère tardé,

(33,15) tandis qu'auparavant ils avaient pris l'engagement envers Allah qu'ils ne tourneraient pas le dos. Et il sera demandé compte de tout engagement vis-à-vis d'Allah.

(33,16) Dis : "Jamais la fuite ne vous sera utile si c'est la mort (sans combat) ou le meurtre (dans le combat) que vous fuyez ; dans ce cas, vous ne jouirez (de la vie) que peu (de temps)".

De nombreux musulmans abhorrent la violence et ne veulent que vivre en paix ; la bellicosité de leur religion les conduits à une impasse, car ils doivent combattre les non-musulmans et imiter Mahomet sans le critiquer.

Or Mahomet, le musulman idéal, a commandité des assassinats, ordonné des massacres, lancé des guerres fratricides, réduit en esclavage des familles et vendu des femmes et des enfants pour acheter des armes … au nom d'Allah.

(33, 21) En effet, vous avez dans le Messager d'Allah un excellent modèle [à suivre], pour quiconque espère en Allah et au Jour dernier et invoque Allah fréquemment.

L'exemple de Mahomet et la tradition musulmane *(sunna)* offrent des possibilités illimitées de violence au nom d'Allah. Mahomet a assuré à Abou Ubayda ibn al-Jarrah, qui a poussé la fidélité à l'islam jusqu'à tuer son père à la bataille de Badr, qu'il irait certainement au paradis. Abou Ubayda est toujours présenté comme un idéal de piété islamique. La sunna sanctifie donc même le parricide[178].

On peut lire dans la *Sirâ* que lors de la conclusion du pacte de Hudaybiyyah, Suhayl ibn Amr, qui négociait de la part des Mecquois, fut rejoint dans le camp des musulmans par son fils, Abu Jandal, qui avait été enfermé par sa famille parce qu'il voulait suivre Mahomet. Suhayl tança son fils et exigea son retour à la maison en vertu de l'accord qui venait d'être signé. Abu Jandal reprocha alors aux musulmans de l'abandonner entre les mains des païens, tandis que son père le poussait vers la Mecque.

Omar bin al Khattab, proche compagnon et gendre de Mahomet, futur calife, a raconté s'être rapproché d'Abu Jandal en l'incitant à la patience tout en déclarant que le sang des païens ne valait pas plus que celui d'un chien.

Omar a précisé qu'il serrait de près Abu Jandal, lui mettant sous le nez la poignée de son sabre en espérant qu'il la saisirait et tuerait son père. Mais Abu Jandal ne saisit pas cette chance de devenir parricide, au grand regret d'Omar qui déclara plus tard qu'il était trop attaché à son père[179].

(58, 22) Tu n'en trouveras pas, parmi les gens qui croient en Allah et au Jour dernier, qui prennent pour amis ceux qui s'opposent à Allah et à Son Messager, fussent-ils leurs pères, leur fils, leurs frères ou les gens de leur tribu. Il a prescrit la foi dans leurs cœurs et

---

[178] Kepel, *Al Qaida dans le texte*, p. 323.
[179] Atallah, *La biographie du prophète Mahomet*, p. 308 ; *Sirâ II*, p. 323-327.

Il les a aidés de Son secours. Il les fera entrer dans des Jardins sous lesquels coulent les ruisseaux, où ils demeureront éternellement. Allah les agrée et ils L'agréent. Ceux-là sont le parti d'Allah. Le parti d'Allah est celui de ceux qui réussissent.

Lorsque l'on sait combien de musulmans et de non-musulmans sont encore tués au XXIe siècle au nom de l'islam, les incitations au meurtre que l'on trouve dans la tradition musulmane ne doivent pas être prises à la légère. De nombreuses familles musulmanes vivent aujourd'hui des drames semblables à ceux que vécurent les familles mecquoises il y a quatorze siècles. Parmi les nombreuses victimes contemporaines d'un islam qui ne respecte ni la vie humaine ni les liens familiaux, nous pouvons évoquer la saoudienne Haila al-Oraini, assassinée par ses fils Khaled et Saleh al-Oraini parce qu'elle voulait les empêcher de rejoindre l'État Islamique en Syrie.

Ali Saqr al-Qasem a exécuté sa mère d'une balle dans la tête devant une foule de musulmans à Raqqa, dans l'État Islamique, parce qu'elle avait eu le tort d'avoir eu peur que son fils ne se fasse tuer et elle avait tenté de le convaincre de quitter la ville avec elle.

Mahmoud Hussein, âgé de 50 ans et originaire de Tripoli au Liban, a été décapité à Raqqa après avoir été dénoncé par son fils, Yehia, qui l'a accusé d'être venu en Syrie pour tenter de convaincre Yehia et sa sœur de rentrer avec lui au Liban.

Un médecin tunisien Fathi Bayoudh a perdu la vie lors de l'attentat islamiste du 28 juin 2016 à l'aéroport Atatürk d'Istanbul alors qu'il cherchait désespérément depuis des mois à récupérer son fils unique, Anouar, qui avait rejoint l'État Islamique.

La souffrance des parents dont les enfants deviennent des musulmans fondamentalistes ne doit pas faire oublier celle des victimes d'un islam qui fait passer le respect de la charia avant tout droit humain.

Il ne faut pas oublier les milliers de victimes de crimes d'honneur, principalement des femmes, assassinées, lynchées, ainsi que les innombrables fillettes mariées à des vieillards parce que Mahomet a épousé Aïcha quand elle avait 6 ou 7 ans.

L'hypocrisie est toujours, au XXIe siècle, la seule protection pour les musulmans, qui veulent échapper à une condamnation à mort pour apostasie. L'actualité apporte quotidiennement des preuves de la persécution des musulmans qui se permettent d'avoir des opinions personnelles et de critiquer l'islam. Les autorités musulmanes, ou des musulmans à titre individuel, justifient leur comportement persécuteur en évoquant les risques de *fitna* (débat préjudiciable à l'ordre public) et/ou l'apostasie – trahison dans un monde où l'islam est en guerre perpétuelle avec tout ce qui n'est pas musulman– pour étouffer toute réflexion critique.

Fitna et apostasie pour justifier la pendaison de Mahmoud Muhamed Taha qui a osé proposer une lecture pacifique du Coran. Fitna et apostasie pour justifier la *fatwa* contre Nasr Hamid Abu Zeid qui a osé une interprétation critique du Coran à la lumière des droits humains.

Les musulmans, qui ont le malheur de se croire libres de penser et de s'exprimer, sont vite rattrapés par la terreur imposée au nom de l'islam.

Zenab el Razaoui, Ayan Hirsi Ali ou Taslima Nasreen, parmi tant d'autres, ont été contraintes de vivre continuellement sous protection policière. Raif Badawi et Ashraf Fayad en Arabie Saoudite, Mohamed Sheikh Ould Mohamed en Mauritanie attendent en prison de savoir s'ils vont être exécutés pour une simple opinion émise dans un blog ou sur Facebook. Le professeur et écrivain bangladais Pranab Acharya doit vivre caché à cause des islamistes qui assassinent régulièrement des intellectuels musulmans, des hindous et des chrétiens dans son pays.

Constante persécution des penseurs libres

Les victimes de l'islam fondamentaliste contemporain rejoignent la longue liste des musulmans et non-musulmans persécutés pour avoir pensé. La vie des intellectuels et des pacifistes – traités d'hypocrites ou de *kouffars* dans le Coran – n'a jamais été aisée en terre d'islam.

L'accusation d'hypocrisie a coûté la vie au persan, Ruzbeh pesar-e Daduye (720-757), qui avait pris en se convertissant à l'islam le nom d'Abu 'Amr 'Abd Allah Ibn al-Muqaffa. Ibn al-Muqaffa a donné à la prose arabe ses premières grandes œuvres; son ouvrage le plus célèbre, Kalila wa Dimna, est une traduction du pahlavi des fables indiennes du Panchatantra. Il semble avoir mal caché ses sympathies manichéennes[180]. Les manichéens furent impitoyablement combattus par les autorités musulmanes qui confondaient sous le nom de *Zandaqa* le manichéisme et le mazdéisme. Malgré sa conversion officielle à l'islam et ses immenses apports à la culture arabe Ibn al-Muqaffa fut démembré et brûlé vif par le calife abbasside al-Mansur (754-775).

L'existence difficile et mouvementée d'Ibn Sina (Avicenne) témoigne de la précarité du sort des savants en terre d'islam. Ibn Sina, (980-1037) fut contraint, durant la majeure partie de son existence, de fuir et d'errer entre

---

[180] D. Urvoy, *Les Penseurs Libres De L'Islam Classique,* p. 31.

le Turkestan, la Mésopotamie et l'Iran pour échapper à des souverains tyranniques. Après avoir été un vizir épuisé, qui devait travailler le jour et se priver de sommeil pour poursuivre ses études et recherches la nuit, il fut emprisonné dans une forteresse à Hamadān puis contraint de se déguiser en derviche pour pouvoir fuir la ville.

La vie d'Ibn al-Haytham (Alhazen), qui était perse comme Avicenne et Ibn al-Muqaffa, illustre également l'insécurité dans laquelle pouvaient se retrouver les érudits dont le sort dépendait d'un despote musulman. Alhazen (965-1039) a été l'un des premiers hommes de sciences à étudier la lumière. Il a écrit des traités sur l'astronomie, la médecine, l'optique et les mathématiques. Il a inventé la chambre noire et a réfuté la théorie d'Aristote qui supposait que l'œil est la cause de sa propre vision en attirant à lui la lumière issue des objets.

Les recherches d'Alhazen furent celles d'un génie solitaire qui fut assigné à résidence et contraint de feindre la folie pendant plusieurs années au Caire pour échapper à la colère du calife al-Hakim (985-1021) parce qu'il avait, au terme d'une mission aux cataractes du Nil, jugé irréalisable un projet du calife[181].

Certains califes éclairés pouvaient avoir un regard critique sur la religion et soutenir la culture, mais il suffisait que leur successeur soit pieux pour que la situation se détériore.

Abu Yusuf Ya'qūb ibn Ishâq al-Kindī (801-873), qui appartenait à la grande tribu chrétienne arabe des Banu Kinda, eut la chance, au cours de la première partie de son existence, d'exercer ses talents sous la protection du calife Al Ma'mun, qui avait vécu sa jeunesse à Merv en Margiane et qui soutenait la vie intellectuelle.

A. Y. al-Kindī, qui est tenu pour le plus grand philosophe arabe, apporta à cette époque les outils de la philosophie grecque au monde musulman : Al-Farabi, Avicenne, al-Ghazali et Averroès se sont servis de ses travaux. Il s'intéressa à la médecine, la chimie, les mathématiques, la logique ainsi qu'à la musique. Il a popularisé l'usage des chiffres indiens, connus comme chiffres arabes, et a contribué à la fondation de l'arithmétique moderne.

Mais, après une vie de labeur au service de la culture, Abu Yusuf al-Kindi fut persécuté sous le règne du très pieux calife Al-Mutawakkil (847 à

---

[181] Charles-André Julien, *Histoire de l'Afrique du Nord.*

861). Il fut battu et sa bibliothèque fut confisquée. Il mourut solitaire, sous le règne du calife al-Mu'tamid (870-892)[182].

Averroès (1126-1198) lui-même, malgré ses longues années de loyaux services et le respect qu'il a manifesté pour la charia musulmane, dont il a toujours défendu la suprématie, fut exilé par le calife Ya'qub al-Mansur (1160-1199) en 1195 sous prétexte qu'il s'était trop occupé de philosophie et de « science des anciens[183] ».

Rappelons que les œuvres d'Averroès furent traduites en latin et ses idées furent rapidement diffusées en Occident. Il y eut des débats autour de ses thèses, que saint Thomas d'Aquin étudia et réfuta, dans les universités catholiques. En Espagne et dans tout le monde musulman, aucun courant averroïste ne vit le jour.

Alors qu'Averroès était conseiller culturel auprès du calife ses travaux ne furent pas intégrés aux programmes des *madrassas*. Ses idées furent ignorées ou combattues et le *qadi* (juge) qu'il fut, durant de nombreuses années, ne put inspirer aucune réforme ou projet de réforme de la charia.

Le héros musulman Saladin, qui n'est pas tenu pour un fanatique, fit exécuter par son fils, al-Zahîr Ghazî, à Alep, le grand savant, mathématicien et philosophe Shihab al-Din Sohrawardi (1155-1191) coupable de s'être laissé influencer par les philosophies grecques et perses. Le corps du jeune savant fut exposé publiquement durant plusieurs jours.

Plus près de nous, lorsque le professeur pakistanais Abdus Salam (1926-1996) reçut le prix Nobel de Physique en 1979, avec Steven Weinberg et Sheldon Lee Glaskow, son prix ne fut pas célébré au Pakistan. Des manifestations eurent même lieu pour l'empêcher de rentrer dans son pays.

Le président Zia refusa le don du professeur Abdus Salam pour construire des laboratoires de sciences, car les pacifistes Ahmadis, dont fait partie le prix Nobel pakistanais, sont considérés hérétiques.

Le penseur et professeur soudanais Mahmoud Mohamed Taha (1909-1985) fut condamné à mort et pendu le 18 janvier 1985 pour avoir osé penser et proposer une interprétation pacifique de l'islam. M. M. Taha a publié en 1966, « *Arrissala Athanyia min Al-Islam* » (Le second Message de l'Islam) expliquant son interprétation d'un islam pacifique et moderne.

---

[182] H. Corbin, *History of Islamic Philosophy*, Kegan Paul International, 1993, p. 154.
[183] Averroes (author), C. E. Butterworth (translator), *Decisive Treatise*, Brigham Young University, Chicago, 2001.

M. M. Taha, avait remarqué que l'islam propageait deux messages totalement contradictoires. Il a constaté que ces deux aspects des enseignements de Mahomet correspondent respectivement à deux périodes de la vie du prophète de l'islam, prêcheur minoritaire à la merci de ses concitoyens à la Mecque puis homme de pouvoir et chef de guerre à Médine.

Cette incohérence, qui rend l'islam difficile à cerner, est bien connue des oulémas musulmans qui ont géré les contradictions endogènes de leur religion en se basant sur le comportement de Mahomet et en élaborant une exégèse de l'abrogeant et de l'abrogé, qui repose sur les versets suivants :

(16,101) Quand Nous remplaçons un verset par un autre - et Allah sait mieux ce qu'Il fait descendre- ils disent : "Tu n'es qu'un menteur". Mais la plupart d'entre eux ne savent pas.

(2,106) Si Nous abrogeons un verset quelconque ou que Nous le fassions oublier, Nous en apportons un meilleur, ou un semblable. Ne sais-tu pas qu'Allah est Omnipotent ?

M. Taha fut accusé d'interprétation blasphématoire du Coran et d'apostasie parce que loin de glorifier le comportement de Mahomet à Médine, qui est considéré l'idéal islamique à imiter, il avait jugé que sa violence médinoise ne reflétait pas les vrais commandements de Dieu.

L'érudit égyptien Nasr Hamid Abou Zayd (1943-2010) a offert une audacieuse analyse de l'islam et s'est inévitablement attiré une *fatwa* le condamnant à mort. N. H. Abu Zayd a avancé que les efforts des partisans de la *Nahda* (renaissance arabe au XIXe siècle), Tahtawi, Afghani, Abduh ou Taha Hussein n'ont pu aboutir, car leur discours est resté prisonnier des polémiques idéologiques *salafistes* (conservatrices musulmanes) qui bloquent l'exégèse musulmane[184].

Pour lutter contre cette sclérose intellectuelle, Nasr Hamid Abu Zayd a procédé à une audacieuse étude critique des dogmes musulmans, il a comparé le Coran (Parole d'Allah) à Jésus (Verbe de Dieu)[185] et a déclaré que Mahomet serait donc l'équivalent de la Vierge Marie; il a également souligné que les musulmans ont divinisé Mahomet [186]!

Dans le même ordre d'idées, N. H. Abu Zayd a affirmé que certaines parties des textes religieux doivent être comprises à partir de leurs finalités originelles, dans un contexte socioculturel, et que l'évolution de la société a

---

[184] N. H. Abu Zeid, *Critique du discours religieux,* p. 59.
[185] *Critique du discours religieux,* p. 65.
[186] *Ibid.,* p. 186.

donc rendu « caducs » certains statuts personnels cités dans le Coran, dont ceux relatifs à l'esclavage[187].

N. H. Abu Zayd a rappelé que l'imposition du tribut aux *dhimmis* fait partie des textes coraniques dépassés dont les fondamentalistes musulmans demandent l'application. Il a constaté que les musulmans dits modérés se contentent d'esquiver la critique de ce tribut, que les *dhimmis* doivent payer, mais qu'ils se gardent bien de le dénoncer[188]. Traité de blasphémateur et d'apostat, condamné à mort, N. H. Abu Zayd a dû se réfugier en Suède.

Les habitants des terres envahies par les musulmans étaient les descendants et héritiers de riches civilisations. L'Empire politique et militaire musulman, édifié grâce au *jihad*, profita des cultures grecque, perse, indienne et chinoise. Des érudits, artistes, ingénieurs, architectes, poètes, géographes, médecins, traducteurs qui étaient chrétiens, juifs, zoroastriens, bouddhistes, hindous, sabéens collaborèrent avec des compatriotes convertis à l'islam et contribuèrent au progrès des sciences, des arts et des lettres au cours des premiers siècles qui suivirent les invasions.

Les richesses intellectuelles et artistiques des différents peuples envahis ont pu être exploitées et même « *cannibalisées* » – selon l'expression de D. Fernandez-Morera évoquant les richesses architecturales hispano -romanes de l'Espagne[189] – par l'occupant musulman, mais ce n'est pas l'islam qui apporta aux peuples envahi les sciences et les arts.

L'historien iranien Shojaeddin Shafa a contesté l'usage des expressions « civilisation islamique » ou « science islamique » car on ne peut attribuer aux pratiques cultuelles islamiques le développement des sciences et des arts sur les terres envahies par les disciples de Mahomet. C'est malgré l'islam que la poésie qui agrémentait la vie quotidienne des habitants de l'Arabie préislamique a continué à égayer la vie des musulmans!
(26, 224) Et quant aux poètes, ce sont les égarés qui les suivent.

Violence islamique dans l'histoire.

La violence, que nous observons aujourd'hui en République Islamique d'Iran et en Arabie Saoudite, et avec les Talibans, Boko Haram, les Shabab somaliens et l'État Islamique (ÉI), se retrouve tout au long de l'histoire de l'islam. L'islam s'est imposé par la violence en Arabie et sur les terres

---

[187] N. H. Abu Zeid, *Critique du discours religieux*, p. 86.
[188] *Critique du discours religieux*, p. 73.
[189] Dario Fernandez-Morera, *The Myth of the Andalusian Paradise*, p. 67.

voisines héritières de riches civilisations millénaires. Le *jihad* s'est accompagné de massacres ou de la réduction en dhimmitude, ou en esclavage, de millions d'êtres humains ; avec en particulier l'esclavage sexuel des femmes qui alimentaient les harems.

Le verset (33,59) cautionne la violence envers toutes les femmes non-voilées, puisque les musulmanes doivent se voiler pour « *être reconnues et éviter d'être molestées* (par les disciples de Mahomet) ».

(33,59) Ô Prophète ! Dis à tes épouses, à tes filles, et aux femmes des croyants, de ramener sur elles leurs grands voiles : elles en seront plus vite reconnues et éviteront d'être molestées (fa-la Youi'zieyna). Allah est Pardonneur et Miséricordieux.

La violence intrinsèque à l'islam, dont témoigne la bataille fondatrice de Badr, s'est manifestée dans les relations belliqueuses des membres de la famille de Mahomet.

Abu Bakr, le premier calife, a maltraité et déshérité la famille de Fatima, la fille de Mahomet ; puis Aïcha, l'épouse-enfant et favorite de Mahomet, a fait la guerre à l'époux de Fatima, Ali, lorsque ce dernier réussit finalement à devenir calife. Aïcha affronta Ali, gendre et cousin de Mahomet, à la bataille du chameau en janvier 656. Elle perdit la bataille, mais la situation d'Ali demeura périlleuse à cause de l'opposition de Muawiya, dont le grand-père avait été achevé par Ali à Badr. Ali fut finalement assassiné par des musulmans qui avaient été ses partisans et qui estimaient qu'il avait trahi l'islam.

Le troisième calife Uthman, qui selon la tradition a été l'éditeur du Coran que nous connaissons, a été assassiné par des conjurés dont faisait partie le fils du premier calife, Abu Bakr. Le fils d'Abu Bakr aurait porté le premier coup au vieux compagnon de son père.

Cette violence mortelle n'a jamais cessé sous les califes omeyyades et abbassides. Elle a atteint des sommets avec les Ottomans.

Les Ottomans persécutèrent évidemment les non-musulmans, des enfants chrétiens furent pendant des siècles arrachés à leurs parents pour former des troupes d'élite serviles, les janissaires, mais ils étaient également cruels entre eux. Les Sultans ont pendant plusieurs siècles immédiatement fait exécuter tous leurs proches de sexe masculin, lors de leur prise de pouvoir, pour éviter toute contestation ou division.

Bayezid I (1389-1402) fit étrangler son frère aîné, immédiatement après la mort de leur père Murad I sur le champ de bataille du Kosovo (1389).

Soliman I le Magnifique (1520-1566) fit exécuter deux de ses fils, l'aîné Mustapha avec son jeune fils en 1553, puis Bayazid et ses cinq fils, dont le plus jeune avait trois ans, en 1561, pour assurer la succession à son fils Sélim II (1566-1574)[190].

Mahomet III (1595-1603) fit exécuter en 1595 ses seize frères ainsi que les concubines enceintes de ses frères et de son père.

L'absence de respect de la vie humaine et la violence dictatoriale manifestées par Mahomet, lors de l'établissement de l'État Islamique à Yathrib/Médine, ont instauré une tradition de pouvoir islamique totalitaire et meurtrier.

Les calives, ou autres souverains musulmans, pouvaient être plus ou moins pieux, plus ou moins ouverts à la culture et tolérants vis-à-vis des *dhimmis,* mais tous devaient entretenir les traditions de razzias contre les territoires voisins qui n'étaient pas encore soumis.

(9,123) Ô vous qui croyez ! Combattez ceux des mécréants qui sont vos voisins ; et qu'ils trouvent de la dureté en vous. Et sachez qu'Allah est avec les pieux.

La politique des calives omeyyades à Damas, et plus particulièrement celle du calife Muawiya, souvent citée comme un exemple de la tolérance de l'islam, illustre l'exercice du pouvoir d'un souverain devenu disciple de Mahomet sans conviction.

Muawiya, dont le père Abu Sufyan connaissait bien la Syrie et les Syriens, car il possédait des propriétés en Syrie et avait fait affaire avec ses habitants durant des décennies, hérita de la charge de gouverneur de Damas à la mort de son frère Yazid en 640, puis il disputa le califat à Ali en 661.

Le fils d'Abu Sufyan ne fut effectivement pas un calife pieux. Un laxisme évocateur des libertés de la Mecque préislamique, que ses parents avaient défendue avec acharnement contre Mahomet, régnait à sa cour à Damas. Le poète chrétien al-Akhtal circulait, ivre, à sa guise au palais, portant une large croix autour du cou[191].

Muawiya ne maltraitait pas particulièrement ses sujets non-musulmans, mais il ne s'est pas aventuré dans les débats religieux et n'a jamais officiellement remis en question les prescriptions guerrières et inégalitaires coraniques. Il fut également un souverain ambitieux qui poursuivit les invasions militaires qui s'accompagnaient de massacres et de prises de butin, d'esclaves, d'or et de biens divers comme en a témoigné Michel le Syrien[192].

---

[190] Coles, *The ottoman impact on Europe,* p. 40.
[191] Hitti, *History of the Arabs,* p. 229.
[192] Michel le Syrien, *"Chronique"* in *The legacy of Jihad,* pp. 594-595.

Les califes omeyyades, amateurs de poésie et de bon vin, sont tenus pour de mauvais musulmans malgré leurs efforts au service de l'expansion du pouvoir arabo-islamique. Le seul calife omeyyade qui échappe à cette mauvaise réputation est Omar ben Abdul Aziz (717-720).

Omar II manifesta sa profonde piété en s'inspirant des mesures prises par son ancêtre Omar ben al Khattab, qui avait banni d'Arabie tous les non-musulmans. Il enjoignit aux gouverneurs de ses provinces le renvoi de tous les employés non musulmans (*dhimmis*) de l'administration rappelant qu'ils devaient être abaissés au niveau d'infamie et de dégradation que leur assignait Allah[193].

Omar ben Abd al Aziz imposa aux *dhimmis* le port de vêtements particuliers qui permettaient aux musulmans de les identifier dès le premier abord. Ces mesures destinées à humilier et déshumaniser des groupes humains, qui seront imitées en Europe quelques siècles plus tard, se maintiendront jusqu'au XIXᵉ siècle dans certains pays musulmans.

Le premier calife abbasside, Abu al'Abbas Abd Allah ben Muhammad ben Ali ben al'Abbas (722-754) surnommé al-Saffah et descendant de 'Abbas, l'oncle de Mahomet, arracha le pouvoir aux Omeyyades et les fit massacrer en alléguant vouloir rétablir la piété austère et combative des premières années de l'islam. Mais Bagdad, la capitale des Abbassides, fut le centre d'une vie sociale brillante, riche, et voluptueuse dont témoignent les contes des Mille et Une nuits.

Les années de gloire de Bagdad attestent de la richesse culturelle des civilisations préislamiques exploitées par les disciples de Mahomet, mais aussi du douloureux destin des convertis à l'islam qui servaient le pouvoir.

Le calife Haroun el Rachid (766-809) doit largement l'éclat de son règne à la gestion de la famille des *Barmakides* dont le nom vient de *paramaka* qui désigne en sanskrit le supérieur d'un monastère bouddhiste. Les *Barmakides*, originaires de Balkh en Bactriane (aujourd'hui au nord de l'Afghanistan), choisirent la conversion à l'islam lorsque leur pays fut envahi.

Khalid al-Barmaki (705-782), dont la mère était une princesse sogdienne, fut vizir du premier calife abbasside al-Saffah dont il était très proche. Le calife al-Mansur (754-775) chercha à l'écarter, mais il dut faire appel à lui pour mater une révolte kurde près de Mossoul puis pour réussir à imposer son fils Mahdi comme successeur.

---

[193] Bat Ye'or, *Juifs et chrétiens sous l'islam*, p. 77.

Yahia al-Barmaki, le fils de Khalid, fut le précepteur des enfants de Mahdi. Il s'occupa surtout du cadet Haroun qui fut le grand ami des enfants de Yahia et principalement de Jaafar, qui apparait à côté d'Haroun el Rachid dans les contes des Mille et Une nuits. Jaafar bin Yahia et Haroun passaient de longues soirées ensemble à festoyer, débattre des sujets les plus divers, écouter de la musique ou réciter des poèmes.

Yahia bin Khalid joua un rôle majeur dans l'accession au pouvoir d'Haroun, qui était timide et se déchargea sur lui de toutes les responsabilités. Les Barmakides furent tous d'excellents administrateurs, et de généreux mécènes. Ils encouragèrent les travaux d'utilité publique, ainsi que le développement de la culture, de l'artisanat, des sciences et des arts.

Pendant que Haroun el Rachid se consacrait aux obligations officielles mondaines, accordait des audiences, dirigeait les campagnes régulières contre les infidèles ou des pèlerinages à la Mecque, les Barmakides s'occupaient de toute la bureaucratie, étudiaient les dossiers, accordaient des audiences, signaient des papiers et visitaient les provinces pour affermir le pouvoir du souverain. Ils formèrent un grand nombre de fonctionnaires et de secrétaires dont les talents furent très utiles aux califes abbassides des premières décennies du IXe siècle.

Khalid avait miraculeusement réussi à échapper à une saute d'humeur du calife al-Mansur, mais rien ne put protéger ses descendants de l'ingratitude d'Haroun el Rachid.

En 803, Haroun el Rachid au retour d'un pèlerinage à la Mecque, où il avait pris des mesures pour régler la question de sa succession, participa à une amicale partie de chasse avec Jaafar bin Yahia puis, dans la soirée, envoya chez ce dernier son eunuque Masrur avec l'ordre de lui ramener la tête de son ami d'enfance.

Jaafar tenta en vain de gagner du temps, il fut décapité et Haroun ordonna de le démembrer et d'exposer ses restes sur les trois ponts de la ville. Yahia et son autre fils Fadl furent privés de tous leurs biens et emprisonnés. A la mort de Yahia en 806, Haroun fit exécuter tous les membres de sa famille. Le gardien du Harem et du Trésor, qui ne put dissimuler la grande peine que lui causait le sort de Jaafar, fut assassiné par son propre fils à l'instigation d'Haroun el Rachid.

Les mesure prises par Haroun pour sa succession n'empêchèrent pas une guerre entre ses fils, Amin (809-813) et al-Ma'mun (813-833). La mère d'Amin, qui était la cousine d'Haroun el Rachid, réussit à obtenir de ce dernier que son fils soit désigné comme l'héritier présomptif et que l'aîné

Ma'mun ne soit que second dans l'ordre de succession. La mère d'al-Ma'mun appartenait à l'aristocratie sogdienne dont la culture raffinée a été, finalement, totalement détruite par l'islam. Réduite à l'état d'esclave sexuelle, elle s'était rebellée contre sa situation et avait été assassinée.

Lorsqu'Amin, devenu calife, tenta de nommer son propre fils héritier présomptif, en violation de l'accord conclu à la Mecque par Haroun al Rachid, juste avant l'assassinat de Jaafar le Barmakide, Ma'mun défendit ses droits, appuyé par des fidèles du Khorasan où le clan sogdien de sa mère était puissant. Malgré sa victoire sur Amin, qui fut décapité en 813, Ma'mun exerça jusqu'en 819 le pouvoir à partir de Merv, où il résidait depuis 809 et qui se trouve actuellement au Turkménistan.

Al-Ma'mun fut influencé par le cosmopolitisme préislamique de la région du Khorasan, où le christianisme nestorien était bien implanté à côté du zoroastrisme comme en témoignent les vestiges des grandes villes de la route de la soie, telles Boukhara, Samarkand, et Merv. Merv était réputée pour ses bibliothèques et fut un important évêché nestorien entre le VIe et le XVIe siècle.

Après son installation à Bagdad, Al-Ma'mun exploita les ressources intellectuelles de l'ancien Empire perse, encore présentes en Mésopotamie, avec principalement l'apport des chrétiens nestoriens dont les moines étudiaient et enseignaient la théologie, la médecine, les sciences, les langues dans leurs écoles et leurs couvents à Gundishapur, Nisibe, Séleucie Ctésiphon et Merv. Il développa la fameuse *Bayt al-Hikmah* (maison de la sagesse), une bibliothèque héritée des rois sassanides qui était réservée au calife et à ses proches sous Haroun al-Rashid.

Selon Ibn Khaldoun, c'est le calife al-Ma'mun qui donna une impulsion décisive aux traductions du grec qui nourrirent la culture arabe. Les traductions se faisaient généralement mot à mot, du grec au syriaque puis du syriaque à l'arabe. Les confrontations entre les diverses croyances et cultures des peuples envahis, notamment les différences entre le judaïsme, le christianisme, le mazdéisme, le bouddhisme, le manichéisme, l'hindouisme, la gnose et l'islam avaient créé en Mésopotamie des conditions particulièrement favorables aux débats intellectuels.

Sous le règne d'al-Ma'mun, des débats sur l'usage de la raison dans tous les domaines, mêmes religieux, ont animés la vie intellectuelle de Bagdad. Al-Ma'mun imposa le mutazilisme qui rejetait tant l'idée d'un Coran incréé que le principe de l'obéissance irraisonnée au texte coranique.

Mais l'intérêt qu'il portait à la culture n'empêcha pas Ma'mun de faire preuve de cruauté. Il fit assassiner son vizir, Fadl ibn Sahl, qui l'avait aidé à conquérir le pouvoir, et écrasa dans le sang en 829-830 une révolte des Coptes en Égypte. Pour anéantir définitivement l'esprit d'indépendance des *dhimmis* descendants du peuple des pharaons, al-Ma'mun déporta, ou vendit comme esclaves, plusieurs dizaines de milliers d'entre eux[194].

La violence chronique et le mépris de la vie humaine, qui faisait des êtres humains des pions, dans le *jihad* continu au service de l'islam, n'épargnaient personne. Les généraux qui avaient assuré l'expansion de l'islam sur d'immenses territoires pouvaient, comme les vizirs, en être victimes.

Le jeune Mohammad bin Qassim (695-715), originaire de la ville de Taif, a conquis le Sind à l'âge de 17 ans, sous les ordres du gouverneur d'Irak, al-Hajjaj, à l'époque du calife al-Walid I (705-715). Il fut exécuté trois ans plus tard sur ordre du nouveau calife Suleyman bin Abd al-Malik (715-717). Selon la « *Chach Nama* », Suleyman bin Abd al-Malik aurait ordonné à Yazid ibn al-Muhallab, nommé à la place de bin Qassim, de renvoyer ce dernier cousu dans une peau de bœuf ce qui aurait provoqué sa mort par étouffement.

Mussa bin Nossair, descendant d'un chrétien de la ville lakhmide de Hira qui se soumit à l'islam en 633, dirigea les campagnes contre les berbères du Maghreb, la conquête des îles Baléares et de la Sardaigne, ainsi que l'invasion de l'Espagne par les armées musulmanes.

Après avoir été appelé par le calife Walid I (705-715) à se présenter à Damas avec Tariq bin Ziad, qui avait dirigé la campagne d'Espagne, Mussa bin Nossair eut la douleur de voir la tête de son fils Abd al-Aziz, qui était gouverneur d'Espagne, présentée au calife Suleyman (715-717), puis d'apprendre la décapitation de son fils Abd-Allah, gouverneur d'Afrique, sur ordre de ce même calife, avant de mourir dans la misère.

La terreur islamique ensanglanta l'Inde durant des siècles. Bâbur (1483-1530), fondateur de la dynastie Moghol qui citait constamment le Coran, fit construire des colonnes de têtes d'infidèles dans les différentes villes qu'il envahit[195].

Son petit-fils Akbar I, qui régna de 1556 à 1605, n'était pas croyant. Il s'intéressait aux diverses religions et organisa des débats sur la religion

---

194 Cannuyer, *L'Égypte des Coptes*, p. 66.
195 Bostom, *The legacy of Jihad*, p. 456- 459.

auxquels participaient des jésuites de Goa. N'ayant été convaincu par aucune religion, il fonda la sienne, *Din-i-Ilah*, un monothéisme qui requérait principalement une loyauté totale envers sa propre personne.

Akbar confia l'éducation de son fils Murad aux jésuites[196]. Il abolit la *jizya* et interdit la *sati* (l'immolation des veuves hindoues sur le bûcher de leur défunt époux). Sa largesse d'esprit permit de faire participer toutes les forces vives du pays au développement de la civilisation Moghol. La religion *sikhe*, qui tente de concilier l'islam et l'hindouisme, apparut à cette époque au Panjab.

Jahangir, le fils d'Akbar qui succéda à son père et régna de 1605 à 1627 fut également un esprit libre. Il consommait du porc et buvait du vin sans restriction, même pendant le mois de ramadan, assistait chaque année à la messe de Noël et entretenait de bonnes relations avec les jésuites.

Un des petits-fils d'Akbar, Shâh Jahân, régna de 1628 à 1658. Musulman pieux, il annula la politique égalitaire d'Akbar et durcit les lois pénalisant les hindous et les chrétiens pour se conformer aux exigences de la *charia*.

Shâh Jahân inaugura son règne en emprisonnant sa belle-mère, Nûr Jahân, puis il fit exécuter plusieurs membres de sa famille dont ses frères Shahryar et Khusreau ainsi que les enfants de Khusreau, ses neveux Dawar et Garshap, et ses cousins Tahmuras et Hoshang, fils du défunt prince Danyel. Le Taj Mahal témoigne de son ambition de faire rivaliser sa capitale Agra avec Istanbul et Ispahan.

Les candidats à la succession de Shâh Jahân, étaient totalement différents. L'aîné Dârâ Shikôh, doux et tolérant, était un mécène qui s'intéressait aux beaux-arts, à la musique et à la danse ; le cadet Aurangzeb (1618-1707), qui passait son temps à recopier le Coran et vivait ascétiquement, était un musulman fondamentaliste intransigeant.

Aurangzeb emprisonna son père malade, pour l'empêcher de soutenir l'accession au trône de Dârâ, puis il fit décapiter son frère en 1658 en alléguant la défense de l'islam, menacé par la tiédeur religieuse de Dârâ, pour justifier son crime. Aurangzeb rétablit la *jizya*, persécuta les non-musulmans

---

[196] Hugh Goddard, *A History of Christian-Muslim Relations*, p. 120-121.

et imposa la *charia* dans tout l'Empire. Sa tyrannie entraîna la militarisation des sikhs et une révolte des hindous Marathes[197].

Après avoir étudié les siècles de *jihad* et de dhimmitude imposés par les musulmans dans le sous-continent indien, l'historien indien Jadunath Sarkar (1870-1958) a conclu que l'Empire musulman des premiers siècles a brillé grâce à l'héritage culturel des peuples des vieilles civilisations qu'il a asservies mais, qu'au fil des siècles et des conversions, les peuples ont perdu leur identité et le terreau humain s'est asséché[198]. Jadunath Sarkar a rappelé que les hindous furent massacrés, considérés juridiquement incapables, soumis à la *jizya* ainsi qu'aux mêmes traitements avilissants que tous les non-musulmans subissent en terre d'islam[199].

Les cultures des peuples envahis furent ruinées par l'islamisation, puisque toutes les cultures non islamiques ne représentent que la *jahiliyya* (l'ignorance). Ainsi selon l'islam, l'Arabie préislamique, l'Inde des Gupta, le royaume gréco-bactrien d'Afghanistan, le bouddhisme du Gandhara, l'Empire Kouchan, la civilisation Sogdienne, l'Arabie Heureuse, l'Empire romain d'Orient et d'Occident, l'Afrique de saint Augustin, l'Égypte antique, l'Égypte ptolémaïque…, toutes les cultures et civilisations sont *jahila* et, parmi toutes langues du monde seule la langue arabe, langue du Coran, est sacrée.

L'auteure bangladaise Taslima Nasreen a rappelé comment sa mère voulait la contraindre à étudier le Coran en arabe parce que c'était la langue du paradis. Elle a comparé le Bangladesh à l'Inde, où les musulmans sont minoritaires mais où leurs droits sont respectés.

T. Nasreen, qui vit sous la menace d'une *fatwa*, a dénoncé l'omniprésence grandissante de l'islam et de la langue arabe dans le système éducatif bangladais qui humilie les enfants non-musulmans en imposant à tous les élèves, quelle que soit leur religion, de mémoriser et de réciter quotidiennement des versets du Coran à l'école[200]. Elle a souligné, par

---

[197] Amy Chua, *Days of Empire*, pp. 185-190;
http://thediplomat.com/2016/01/the-truth-behind-the-maratha-empire-in-india/
[198] A. Bostom, *The legacy of Jihad*, p. 33.
[199] Andrew Bostom, *The legacy of Jihad*, p. 33.
[200] T. Nasreen, *Lajja*, p. 122; Nasreen, *Shame*, p. 138.

ailleurs, que le passé du Bangladesh est éradiqué par une arabisation des noms des personnes et des lieux dans tout le pays[201].

À la suite d'un remarquable travail de recherche, l'historien Dario Fernandez-Morera a exposé les mensonges entretenus par de pseudo-intellectuels de grandes universités, ainsi que par nombre de journalistes et de politiciens, au sujet de l'Espagne sous occupation musulmane. Il démontre que l'Espagne paradisiaque, où les chrétiens et les juifs auraient vécu heureux sous l'autorité d'un pouvoir musulman ouvert et tolérant, est un mythe.

Il souligne que, selon l'*Estoria de España* d'Alphonse X, lorsque les musulmans ne réussissaient pas à remporter une victoire militaire, ils faisaient signer aux habitants des traités trompeurs qu'ils se hâtaient de dénoncer dès que l'occasion se présentait[202]. Les chroniques espagnoles décrivent des églises profanées, pillées et détruites, ou transformées en mosquées. Les Espagnols ont subi d'horribles massacres et d'immenses destructions, leurs femmes réduites à l'esclavage sexuel furent vendues sur les marchés.

En Espagne, comme partout ailleurs dans les territoires envahis, le pouvoir musulman autorisait la survie des *dhimmis* « humiliés » dans le but de pouvoir les exploiter, comme en témoignent les recommandations du Calife Omar ben al-Khattab (634-644) au sujet du partage du butin après la conquête de l'Iraq.

Omar ben al-Khattab a écrit à Sa'ad b. abi Wakkas qu'il fallait laisser les *dhimmis* utiliser les terres et les chameaux, pour que leur travail puisse fournir les rémunérations futures des musulmans. Il a précisé que, si tout était partagé entre ceux qui sont présents aujourd'hui, il ne resterait plus rien pour les musulmans qui viendront plus tard[203].

Les impôts, tels le *kharaj* (impôt foncier) et la *jizya*, devaient constituer une garantie de rentes en faveur des musulmans qui avaient combattu, de leurs enfants et leurs descendants, et servir également à payer les troupes qui devaient protéger les immenses territoires conquis par les combattants musulmans[204].

---

[201] Nasreen, *Shame*, p. 183; Nasreen, *Lajja*, p. 166.
[202] Dario Fernadez-Morera, *Myth of the Andalusian Paradise*, p. 35-48.
[203] Bostom, *The legacy of Jihad*, p. 591 cite Al-Baladhuri.
[204] Bostom, *The legacy of Jihad*, p. 592, cite Abu Yusuf : *le livre de l'impôt foncier.*

(9,29) Combattez ceux qui ne croient ni en Allah ni au Jour dernier, qui n'interdisent pas ce qu'Allah et Son messager ont interdit et qui ne professent pas la religion de la vérité, parmi ceux qui ont reçu le Livre, jusqu'à ce qu'ils versent la capitation de leurs propres mains, après s'être humiliés.

L'humiliation des *dhimmis* a pris les formes les plus diverses. Cloches, schofars, bannières, croix, tout signe visible ou audible de leur foi était proscrit avec une obligation de discrétion dans la pratique de leur culte et l'enterrement de leurs morts. Leur inférioisation se manifestait également par des vêtements distinctifs et l'interdiction d'avoir des maisons plus hautes que celles des musulmans[205].

En Espagne, les obligations d'un inspecteur musulman de l'ordre public consistaient, entre autres, à veiller à la parfaite ségrégation des sexes, à l'assiduité à la mosquée et surtout à ce que les juifs ou les chrétiens ne s'habillent pas comme des personnes de qualité et portent bien un signe qui permette de les identifier. L'inspecteur devait également s'assurer que les musulmans ne souhaitent pas la paix aux juifs et aux chrétiens qui, étant le parti du diable, devaient être haïs et isolés[206].

L'Histoire et l'actualité quotidienne témoignent de la constante violence de l'islam orientée contre les non-musulmans, et dont de très nombreux musulmans sont également victimes. L'État Islamique et l'anarchie créée par les « printemps arabes » ont permis l'apparition de marchés d'esclaves, *souk el 'Abid*, au Moyen-Orient et en Afrique. Le mot « *Abd* » est indifféremment utilisé en arabe pour dire esclave ou noir.

Penseurs musulmans libres et pacifiques

Après le massacre du 14 juillet 2016 à Nice, l'artiste marocain Moha el Bouhali a déploré que certains commentateurs fassent allusion à la situation difficile du terroriste qui vivait mal son divorce et qui avait des problèmes financiers. Il a expliqué que si cet homme était bouddhiste, il n'aurait jamais eu l'idée de massacrer une centaine de personnes parce qu'il a des problèmes. Moha el Bouhali a accusé l'islam ainsi que Tariq Ramadan et les autres imams prêcheurs d'être les commanditaires des attentats terroristes islamistes dans le monde.

Les musulmans qui dénoncent la violence islamique prennent de grands risques, ils s'exposent à un terrorisme physique et intellectuel. Des *fatwas* les

---

[205] Antoine Fattal, *Le statut légal des non-musulmans en Pays d'Islam*, p. 203.
[206] Constable, *Medieval Iberia*, p. 179.

condamnent à mort, ils sont rejetés par leurs familles et leurs proches et subissent des tentatives de mise à mort intellectuelle et sociale en étant accusés d'islamophobie.

Salman Rushdie a souligné, à juste titre, que le terme islamophobie « a été inventé pour permettre aux aveugles de rester aveugles [207] ».

Depuis l'hégire, les musulmans qui osent critiquer l'islam ou Mahomet doivent être tués, car ils sont des «corrupteurs».

(5,33) La récompense de ceux qui font la guerre contre Allah et Son messager, et qui s'efforcent de semer la corruption sur la terre, c'est qu'ils soient tués, ou crucifiés, ou que soient coupées leur main et leur jambe opposées, ou qu'ils soient expulsés du pays. Ce sera pour eux l'ignominie ici-bas ; et dans l'au-delà, il y aura pour eux un énorme châtiment,

La terreur qui a permis à Mahomet d'imposer son pouvoir en Arabie au VIIe siècle sévit toujours au XXIe siècle. Pour diverses raisons, dont la vénalité, ou la peur du terrorisme islamique, les grandes institutions occidentales, telles les universités d'où partaient au Moyen-Âge tous les questionnements, refusent de nos jours d'ouvrir leurs portes aux musulmans qui osent critiquer l'islam et n'acceptent que les discours politiquement corrects.

Les penseurs musulmans libres et pacifiques, qui sont une source d'espoir pour le monde, ne sont pas suffisamment connus et soutenus en Occident surtout lorsqu'ils s'expriment en arabe. Ils réussissent cependant à propager leurs opinions en usant des moyens de communication les plus modernes, tels la diffusion en ligne de leurs idées.

Aux États-Unis, un groupe de musulmans, opposés au *jihad,* soutenant les droits de l'homme, la dignité de chaque être humain, et la laïcité, se sont associés [208] pour militer en faveur d'une lecture pacifique du Coran et encourager la critique de l'islam. La journaliste et auteure Asra Nomani, membre de cette association, a été insultée et accusée d'athéisme parce que, lasse de la politique du parti démocrate qui refuse de nommer le terrorisme islamique par son nom, elle a voté pour Donald Trump lors des élections de 2016[209].

---

[207] http://www.lemonde.fr/idees/article/2015/03/24/evitons-le-terme-d-islamophobie_4600376_3232.html

[208] https://www.gatestoneinstitute.org/7009/muslim-reform-movement

[209] http://dailycaller.com/2016/12/27/fk-you-go-to-hell-georgetown-prof-loses-it-on-muslim-trump-voter/

De nombreux musulmans se sont lancés dans une courageuse analyse critique de l'islam. Zineb El Rhazoui, Nonie Darwish, Hamed Abdel-Samad, Magdi Allam, Hussain Andaryas, Ali Sina, Hani Nakshabandi, Ayaan Hirsi Ali, Taslima Nasreen, Wafa Sultan, Brother Rachid, Mohamed Louizi, Soufiane Zitouni, Sayyid Al-Qemany, Mohammed Christophe Bilek, Kamel Daoud, Boualem Sansal, Waleed Al-Husseini, Salem Ben Ammar, Mosab Hassan font partie des penseurs, nés dans des familles musulmanes, qui prennent des risques pour lutter contre la violence islamique.

Ils revendiquent leur droit d'exposer les problèmes posés par leur religion d'origine, qu'ils connaissent bien.

Zineb El Rhazoui a échappé de justesse au massacre de Charlie Hebdo le 7 janvier 2015. Cette franco-marocaine, qui demande l'abrogation, au Maroc, de la loi punissant tout musulman qui ne jeûne pas durant le ramadan, est très engagée dans la défense des droits humains. Après un exil de deux ans en Slovénie, elle poursuit, en France, son combat contre la terreur islamique.

Cette intellectuelle intègre continue à risquer sa vie pour un monde meilleur. Elle a publié plusieurs livres, dont *La vie de Mahomet* et surtout *Détruire le fascisme islamique* où elle dénonce avec un courage inouï l'islam, qui persécute et tue dans le monde entier, ainsi que tous les « idiots utiles » et les lâches qui soutiennent directement ou indirectement ce totalitarisme[210].

L'égypto-américaine Nonie Darwish, milite depuis des décennies contre l'islam qu'elle accuse d'être une idéologie totalitaire, haineuse et violente. Son père, le général égyptien Mustafa Hafez, est mort lorsqu'elle avait huit ans, en martyr (*shahid*) de la lutte contre Israël, et N. Darwish estime que c'est la culture de haine qui règne au Moyen-Orient qui l'a tué. Elle considère que les responsables politiques arabes et musulmans utilisent l'Occident et Israël pour masquer leurs échecs et leur totalitarisme. Elle a raconté que lors de la mort de son père en 1956, Nasser a demandé à ses frères et sœurs lequel d'entre eux comptait venger son père en tuant des juifs[211].

Dans sa biographie, Nonie Darwish évoque avec ironie son enfance en Égypte et l'école catholique, *St Clare's College* où un imam venait donner aux élèves musulmans des cours de religion, durant lesquels elle apprenait

---

[210] https://www.youtube.com/watch?v=M6TquwL_aks
[211] Darwish, Nonie. *Now they call me infidel,* p. 14.

qu'Allah donnerait aux musulmans la victoire contre les infidèles, avant de retourner à ses classes où les gentilles religieuses « infidèles » se consacraient à son éducation[212]. Elle raconte avoir pris conscience qu'il y avait quelque chose de fondamentalement faux dans les enseignements musulmans lorsqu'elle eut honte en constatant que son amie chrétienne était effrayée par les appels à la haine lancés par un prêcheur du haut d'un minaret[213].

Le penseur et écrivain égypto-allemand Hamed Abdel-Samad a décidé en 2016 d'aller vivre aux États-Unis, car il ne supportait plus la protection policière à plein temps qu'il subissait en Allemagne à cause d'une *fatwa* le condamnant à mort[214].

H. Abdel-Samad, dont le père était imam, a fait partie des Frères Musulmans en Égypte avant de prendre conscience que l'islam était une idéologie politique dangereuse. Il anime en arabe une chaine vidéo, *Box of islam*, où il dénonce un islam fasciste. Il souligne les immenses différences entre le Christ et Mahomet et insiste sur la non-violence totale du Christ dans une époque de grande violence, ainsi que sur le fait que Mahomet est un mauvais exemple pour tout le monde. Il a reproché à A. Merkel de n'avoir rien compris lorsqu'elle a dit que l'islam faisait partie de l'Allemagne[215].

H. Abdel Samad critique les appels coraniques à la haine et à la violence[216]. Dans son livre, *Islamic Fascism*, il précise que Hassan al Banna était un grand ami du mufti de Jérusalem, Amine al-Husseini, qui fut un collaborateur actif d'Hitler, et qu'Al-Husseini a soutenu la création des Frères Musulmans qui veulent une société totalement militarisée; comme le fut la société musulmane médinoise, treize siècles avant le fascisme européen. Il note que le logo des Frères Musulmans, avec ses deux épées sous un Coran et son rappel d'un verset de la terreur, témoigne du terrorisme religieux soutenu par le grand-père de Tariq Ramadan[217].

(8,60) Et préparez [pour lutter] contre eux tout ce que vous pouvez comme force et comme cavalerie équipée, afin d'effrayer l'ennemi d'Allah et le vôtre, et d'autres encore que vous ne connaissez pas en dehors de ceux-ci mais qu'Allah connaît.

---

[212] *Now they call me infidel*, p.18.

[213] *Ibid.*, p. 99.

[214] therebel.media/hamed_abdel_samad_the_muslim_debate

[215] https://www.youtube.com/watch?v=MfiZ2Qc-VmI

[216] https://www.youtube.com/watch?v=9kR6OufOL4w

[217] Hamed Abdel-Samad, *Islamic Fascism*, Prometheus Books, pp. 27-30.

H. Abdel-Samad souligne que l'État Islamique (DAESH) a adopté les mêmes méthodes que Mahomet avec la conquête des terres des infidèles, leur massacre et le partage de leurs biens devenu butin ainsi que la réduction de leurs femmes et enfants en esclavage[218].

Pour Abdel-Samad l'usage du terme islamophobie ainsi que la distinction entre islam et islamisme sont utiles aux fondamentalistes. Il rappelle que Mahomet a lancé près de 90 guerres depuis Médine, massacré des tribus, pillé des biens et que les musulmans dits modérés, mais qui jugent Mahomet incritiquable, pensent comme les islamistes[219].

H. Abdel-Samad considère que le fascisme islamique ne peut être réformé et doit être détruit comme le communisme, le nazisme et le fascisme européen. Il rappelle que les Frères Musulmans ont été bannis à trois reprises en Égypte, et que chaque fois ils reviennent grâce à l'islam, car la mission divine du jihad, les projets de suprématie de l'islam et la conviction que les non-musulmans sont des êtres inférieurs font partie de l'éducation normale dans presque tous les pays musulmans[220].

L'italien d'origine égyptienne, Magdi Christiano Allam, qui a été baptisé par le pape Benoit XVI au cours de la veillée pascale du 22 mars 2008, milite également contre la faiblesse des démocraties occidentales face à l'islam. L'ancien rédacteur en chef adjoint du *Corriere della Sera*, apostat, menacé de mort, vit aujourd'hui sous protection policière. Il a publié en italien neuf livres très engagés en faveur de la protection de la culture occidentale. Son livre *Islam, siamo in guerra* (Islam, nous sommes en guerre), publié en septembre 2015, a été plusieurs fois réédité.

Au cours d'une conférence à Trente, le 24 mars 2016, Magdi Allam a insisté sur la mortelle dangerosité de l'islamisme qui hait les non-musulmans pour ce qu'ils sont et qui veut détruire leur culture. Il a déclaré que les Italiens, menacés par une colonisation démographique et culturelle, doivent déclarer l'état d'urgence, fermer leurs frontières et ranimer les racines spirituelles et historiques de leur culture.

L'Afghan Hussain Andaryas est engagé dans la défense des chrétiens persécutés en Afghanistan. Il anime plusieurs sites en ligne émettant en dari, pashtoun et anglais. H. Andaryas espère pouvoir toucher des millions

---

[218] *Islamic Fascism*, p. 156, 186.
[219] *Ibid.*, p. 187-189.
[220] Abdel-Samad, *Islamic Fascism*, Prometheus Books, p. 214-215.

d'Afghans grâce à la chaîne de télévision « *Voice of Christ* » émettant en dari qui est la principale langue afghane.

Ali Sina est un Iranien qui a étudié au Pakistan et en Italie avant de s'installer au Canada où il a fondé un mouvement d'ex-musulmans ainsi que le site « *faithfreedom.org* », sur lequel il a offert 50.000 dollars à qui pourrait réfuter son accusation selon laquelle Mahomet était un homme « narcissique, misogyne, violeur, pédophile, débauché, tortionnaire, meurtrier de masse et pillard[221] ».

A. Sina ridiculise l'idée que l'islam puisse évoluer comme le christianisme. Il précise que dans le cas du christianisme c'est l'Église qui avait besoin d'être réformée, car ce que Jésus a prêché était bon, alors qu'avec l'islam c'est la religion elle-même qui n'est pas bonne.

À l'heure où les islamistes rêvent de reconquérir l'Espagne, l'auteur saoudien Hani Nakshabandi invite les Arabes, qui appellent *Fath* (ouverture) leurs invasions, à revoir leurs enseignements erronés de l'histoire et suggère qu'ils présentent leurs excuses pour l'occupation de l'Espagne. Nakshabandi a rappelé que l'occupation musulmane n'a pas pu apporter la civilisation et les Lumières à une Europe obscurantiste puisqu'aujourd'hui encore dans de nombreuses régions d'Arabie, et du monde Arabe, des musulmans n'ont pas l'électricité et vivent comme l'homme des cavernes. Nakshabandi rappelle que la Mosquée de Cordoue était la Basilique saint Vincent et que la mosquée des Omeyyades était l'église Saint Jean le Baptiste[222].

L'auteure Ayaan Hirsi Ali, américano-néerlandaise d'origine somalienne, évoque l'éducation à la haine reçue dans son Afrique natale où sa mère et sa grand-mère lui enseignaient que des personnes qui ne devenaient pas musulmanes ne pouvaient être de bonnes personnes[223]. Elle rappelle qu'à Nairobi, dans la première mosquée des Frères Musulmans, construite en 1987, des prêcheurs enseignaient aux croyants que les femmes valaient la moitié d'un homme et qu'il fallait tuer les infidèles[224].

A. Hirsi Ali n'a jamais accepté de se taire malgré les menaces de mort et l'assassinat de Theo Van Gogh avec lequel elle avait collaboré au film « *Soumission* » destiné à attirer l'attention sur le sort des femmes

---

[221] http://www.faithfreedom.org/challenge.htm
[222] https://www.youtube.com/watch?v=C_cnaqXsSQ8
[223] Hirsi Ali, *The Caged Virgin*, p. X.
[224] Hirsi Ali, *Infidel*, p. 104.

musulmanes. Elle a reçu de nombreuses récompenses dont le *Prix Simone de Beauvoir pour la liberté des femmes* en 2008.

La Bangladaise Taslima Nasreen dénonce courageusement depuis près de trois décennies l'influence grandissante des islamistes au Bangladesh. Elle a reçu en 1994 le *Prix Sakharov pour la liberté de l'esprit et la défense des Droits de l'Homme* du Parlement européen.

Médecin gynécologue, Taslima Nasreen a entamé sa carrière d'auteure en condamnant le sort des femmes bangladaises dont sa profession lui avait permis de mesurer les profondes souffrances. Ses audacieuses prises de position et publications lui ont valu de nombreuses critiques. Mais elle fut condamnée à mort par une *fatwa* lorsqu'elle décrivit, sous couvert du roman *Lajja* (la honte), un islam terroriste qui persécute les citoyens non-musulmans.

T. Nasreen a décrit la détresse psychologique et sociale résultant de la systématique déshumanisation et colonisation religieuse et culturelle des non-musulmans[225] ; ses lecteurs ne peuvent plus ignorer pourquoi tant de Bangladais hindous se sont convertis à l'islam ou résignés à l'exil.

Taslima Nasreen a réfuté les critiques qui lui ont reproché d'avoir vexé les islamistes, et donc desservi les forces progressistes et laïques du Bangladesh[226]. Elle a rétorqué qu'elle considérait que la rédaction de son livre était une obligation morale[227].

Comme Taslima Nasreen, la psychiatre Wafa Sultan dénonce les souffrances subies par les femmes musulmanes que sa vie et sa carrière en Syrie lui ont donné l'occasion de mesurer. Elle refuse de taire les injustices et les souffrances subies par les femmes et les non-musulmans, ce qui lui a valu d'être rejetée par sa famille ainsi qu'une *fatwa* la condamnant à mort.

Dans une vidéo, filmée par la chaine *Al Jazira*, Wafa Sultan explique qu'elle se bat contre l'islam et pas seulement contre l'islam politique. Elle accuse les musulmans d'avoir lancé la guerre des civilisations puisque Mahomet a déclaré qu'il devait combattre tous les peuples jusqu'à ce qu'ils croient en Allah et en son messager. Elle explique que les musulmans ont divisé le monde entre croyants et infidèles et ont appelé à combattre les infidèles jusqu'à ce qu'ils se soumettent, et que c'est aux musulmans

---

[225] T. Nasreen *Shame*, p. 247; T. Nasreen *Lajja*, p. 205.
[226] T. Nasreen *Shame*, p. 11.
[227] *Shame*, p. 12-13.

d'arrêter cette guerre et de revoir les enseignements, pleins de haine et d'appels au meurtre, de l'islam.

Elle souligne que, bien que des millions de juifs aient été tués par l'Allemagne Nazie, les juifs ne s'affirment que par leur culture et que pas un seul juif ne s'est fait exploser dans un restaurant allemand ni n'a attaqué une église en Allemagne[228].

Alors que bien des islamistes, tels Tariq Ramadan, s'ingénient à faire croire que l'islam est compatible avec une démocratie respectueuse des droits humains, Wafa Sultan expose le contraire. Elle n'a pas eu à faire d'efforts en débattant avec le Sheikh Omar Bakri qui a lui-même, très naturellement, expliqué que, selon la loi d'Allah, les infidèles sont inférieurs aux musulmans qui ont le devoir de les combattre, et de les tuer, s'ils ne se soumettent pas[229].

Au cours d'un débat avec le marocain Brother Rachid, Wafa Sultan a longuement expliqué qu'après avoir minutieusement analysé toutes les écritures musulmanes elle avait conclu qu'il était impossible qu'une personne demeure saine d'esprit si elle gardait la foi après avoir lu la *Sirâ Nabawiya* (biographie de Mahomet).

La psychiatre syro-américaine estime que le langage islamique a une influence négative sur les musulmans et que l'idéologie politique totalitaire musulmane prive ses croyants de toute compassion et spiritualité. W. Sultan explique aussi que le Messie est le symbole de la paix et n'a fait subir de violence à personne, alors que si les musulmans imitent Mahomet le monde sombrera dans une violence bien pire que celle que nous subissons[230].

Brother Rachid, fils d'un imam, s'est converti au christianisme après l'avoir étudié en vue de le réfuter. Convaincu, comme Hassan al-Banna, que la majorité des musulmans ne connaissent pas l'islam, car ils ne sont pas capable de comprendre l'arabe coranique, Brother Rachid a traduit le Coran en arabe dialectal pour en faciliter la critique.

Il se consacre, avec son association « *Al Hayat* », à toucher le plus grand nombre possible de musulmans grâce aux moyens de communications modernes en expliquant en arabe les mensonges propagés par l'éducation et la culture musulmanes, et en comparant l'islam et le christianisme[231]. Il a

---

[228]youtube.com/watch?v=ISNpOkpcWqg

[229] youtube.com/watch?v=1ZpmY7058I4

[230] www.youtube.com/watch?v=t2e4K5Wb3o8

[231] https://www.youtube.com/watch?v=mE2SD3Yi6Fg

adressé un message au président Obama pour lui expliquer que l'État Islamique représente bien l'islam[232].

Mohamed Louizi, ingénieur, ex-président des Étudiants musulmans de France (Lille) a expliqué dans son livre *Pourquoi j'ai quitté les Frères Musulmans* la stratégie des Frères pour endoctriner les jeunes dans des structures associatives et scolaires privées afin qu'ils infiltrent toutes les sphères du pouvoir. L'auteur précise que les Frères Musulmans utilisent l'argent des pays du Golfe pour leur infiltration mais aussi les deniers de l'Union Européenne comme ils le font avec le *FEMYSO (Forum of European Muslim Youth and Student Organisations)*.

Mohamed Louizi affirme que *l'Épître du jihad* écrite par Hassan al-Banna ne présente aucune différence avec la matrice idéologique violente de toutes les organisations terroristes[233].

L'intellectuel égyptien Sayyid Al-Qemany soutient que les Frères Musulmans de H. Al Banna partagent les mêmes convictions que les islamistes d'Al-Qaïda et de l'État Islamique. Il constate que les Égyptiens ont subi le pouvoir islamique pendant quatorze siècles et que le résultat est un échec cuisant[234].

Pour Al-Qemany toute la culture musulmane est bâtie sur des mensonges. L'accent y est mis sur la gloire des califes, la grandeur de la civilisation islamique, mais l'être humain n'y a aucune valeur, le citoyen peut subir des injustices ou se faire tuer sans raison.

Il affirme qu'al-Azhar est une institution terroriste, qu'un wahhabite est « un criminel avec un permis divin » et il appelle à une révision complète du système éducatif et des manuels scolaires qui endoctrinent les jeunes musulmans et les transforment en bombes à retardement[235].

Une *fatwa* universelle a appelé à égorger cet intellectuel insoumis sur la place publique et, pour ne pas subir le sort de Farag Foda qui a été assassiné après une *fatwa* d'al-Azhar, Al-Qemany a dû s'exiler comme avait dû le faire Nasr Hamid Abu Zeid.

Mohammed Christophe Bilek a quitté l'islam et a reçu le baptême catholique en France alors qu'il était un tout jeune homme, en 1970. Il a

---

[232] https://www.youtube.com/watch?v=XnkPmeF3fSY
[233] lefigaro.fr/vox/societe/2016/02/05/31003-20160205ARTFIG00415-uoif-freres-musulmans-salafisme-le-dessous-des-cartes.php
[234] https://www.youtube.com/watch?v=oOLV8uhARpU
[235] memri.fr/2015/09/18/lauteur-egyptien-sayyed-al-qimni

courageusement dénoncé la persécution des chrétiens en Algérie et un islam qui punit de mort la liberté de conscience.

L'association *Notre Dame de Kabylie*, qu'il a fondée, accueille et soutient les musulmans qui souhaitent devenir, ou sont devenus, chrétiens et qui sont rejetés et menacés par leurs proches. M. C. Bilek a écrit plusieurs ouvrages témoignant de son cheminement spirituel et de celui de nombreux musulmans qui ont découvert le Christ et ont reçu le baptême[236].

L'écrivain algérien Kamel Daoud rédige, depuis plus d'une dizaine d'années, des chroniques lucides et audacieuses[237], analysant avec finesse tous les problèmes qui rongent le monde arabo-musulman en général et son pays en particulier. Ses opinions très personnelles et libres concernant les divers sujets de l'actualité lui ont valu de nombreuses critiques.

À l'occasion de la sortie de son livre « *Meursault, contre-enquête* », il a condamné le marasme provoqué par l'islam dans le monde arabe[238]. L'expression de cette évidence lui a valu une *fatwa* de la part d'un imam salafiste qui a demandé, en décembre 2014, son exécution en public pour apostasie et hérésie.

Kamel Daoud a porté plainte contre cet imam, qui a été condamné en mars 2016 à six mois de prison dont trois fermes ; signe d'un début d'évolution en Algérie !

En février 2016, la publication d'une chronique, concernant les agressions sexuelles le soir du nouvel an à Cologne, a valu à Kamel Daoud d'être traité d'islamophobe par un groupe d'« intellectuels » parisiens[239].

La romancière et journalise Fawzia Zouari a volé à la défense de son confrère et a accusé ces « intellectuels » de porter contre Kamel Daoud les mêmes calomnies que les islamistes. Elle leur a reproché cette « *fatwa* laïque » et a dénoncé le droit qu'ils s'adjugent de « dicter aux intellectuels musulmans ce qu'ils doivent dire, ou ne pas dire, au sujet de leur propre société[240] ».

---

[236] ttps://www.nd2kabylie.org

[237] algerie-focus.com/2012/09/en-quoi-les-musulmans-sont-ils-utiles-a-lhumanite/

[238] vid.me/g6Gg/kamel-daoud-meursault-contre-enqu%C3%AAte-on-n-est-p

[239] lemonde.fr/idees/article/2016/02/11/les-fantasmes-de-kamel-daoud_4863096_3232.html

[240] liberation.fr/debats/2016/02/28/au-nom-de-kamel-daoud_1436364

L'ingénieur et brillant écrivain algérien Boualem Sansal a également pris la plume pour défendre son compatriote. Il a accusé « les lanceurs de *fatwas*, les censeurs (…) les jaloux, les faux amis et les super agents de la police de la pensée» de vouloir abattre Kamel Daoud; pour B. Sansal « les attaques contre K. Daoud relèvent du terrorisme, tout comme (…) la pensée politiquement correcte[241]».

B. Sansal, a été enseignant et haut fonctionnaire au ministère de l'Industrie algérien avant de devenir écrivain. *Le Serment des barbares*, où il tente d'expliquer le chaos dans lequel sombre la société algérienne, a reçu le *prix du premier roman* et le *prix Tropiques*. Son troisième roman, très critique envers le pouvoir algérien et les islamistes, lui a fait perdre son poste au ministère de l'Industrie. De nombreux prix couronnent l'œuvre de cet écrivain prolifique qui décrit tous les travers de la société algérienne.

B. Sansal brocarde avec humour, la corruption, l'arabisation et l'islamisme. En 2008, il a participé au Salon du livre de Paris malgré les appels des pays arabes au boycott -parce qu'Israël en était l'invité d'honneur.

Sa réaction, lorsque les ambassadeurs des pays arabes ont tenté de lui retirer le prix du roman arabe en juin 2012, en raison de sa participation à la troisième édition du Festival international des écrivains à Jérusalem, témoigne du courage tranquille d'un homme brillant et drôle[242].

Waleed al Husseini fait partie des palestiniens qui revendiquent leur droit à la liberté de choisir l'orientation qu'ils veulent donner à leur vie et refusent d'être enrôlés dans les haines viscérales que B. Sansal déplore.

Ce jeune informaticien découvre très tôt dans le Coran et l'islam des idées qu'il trouve inacceptables. Il décide de partager ses opinions sur la toile, s'attirant les foudres de la police secrète palestinienne qui l'arrête. Il est maintenu en prison pendant onze mois, et torturé.

W. al Husseini a créé en France, où il est réfugié, un *Conseil des Ex-Musulmans de France*. Il anime un site web, *La voie de la raison* [243], et il a publié un livre, *Blasphémateur ! Les prisons d'Allah*[244], racontant son parcours de jeune

---

[241] liberation.fr/debats/2016/03/23/kamel-daoud-ou-le-principe-de-deradicalisation_1441546
[242] huffingtonpost.fr/boualem-sansal/le-prix-du-roman-arabe-affaire-biscornue_b_1612362.html
[243]la-voie-de-la-raison.blogspot.com
[244] Waleed Al-Husseini, *Blasphémateur! Les prisons d'Allah*, trad Chawki Freiha, Paris, Grasset, 2015,

palestinien en quête de liberté dans une société fermée et autoritaire où les
« représentants du peuple » sont souvent ses « bourreaux». Il lance un cri
d'alarme en faveur des enfants palestiniens qui sont formatés à l'école et à
la mosquée pour devenir criminels.

Les épreuves subies et le témoignage vécu de W. al Husseini n'ont pas
empêché les « policiers de la pensée en France » de le traiter d'islamophobe.
Le récit des tortures qu'il a subies de la part des services de sécurité
palestiniens, qui torturent leurs compatriotes pour leur faire avouer qu'ils
sont des espions israéliens ou autre crimes imaginaires, corrobore le
témoignage de Mosab Hassan Yousef.

Mosab Hassan Youssef est le fils de l'un des fondateurs du Hamas. M.
Youssef a commencé par s'engager dans la résistance palestinienne et par
apprendre à haïr les juifs, comme les jeunes de son entourage. Lorsqu'il s'est
retrouvé dans une prison israélienne il a réalisé que les prisonniers
palestiniens étaient plus torturés par le Hamas que par les geôliers juifs. Il a
compris que la haine des juifs menait à une impasse et que pour mettre un
terme aux souffrances des Palestiniens il fallait choisir le pardon, l'amour et
l'imitation du Christ, qu'il a découvert en lisant les évangiles.

Selon Mosab Hasan, le *jihad* est la barre la plus haute de l'échelle de la
foi musulmane et un musulman modéré est plus dangereux qu'un
fondamentaliste, car on ne sait jamais quand il va décider de monter d'une
marche; et tous les terroristes ont commencé par être des modérés[245].

Mosab a collaboré avec le *Shin Beth* israélien durant une décennie, pour
déjouer des attentats terroristes, puis il s'est converti au christianisme et a
émigré aux États-Unis en 2007. Après la publication de son livre
autobiographique *Son of Hamas,* son père et sa famille l'on renié. Il risque sa
vie, mais continue à militer en faveur d'une réconciliation israélo-
palestinienne et contre l'islam.

Le nombre de musulmans qui affrontent les persécutions et prennent
de grands risques pour dénoncer la culture de haine et défendre les droits
humains grandit constamment. Aynaz Anni Cyrus aux É-U, Djemila
Benhabib[246] et Sandra Solomon[247] au Canada, Kacem El Ghazzali à

---

[245] Mosab Hassan, *Son of Hamas*, p. 12
[246] http://djemilabenhabib.com/
[247] http://voiceofsandrasolomon.com/about-sandra/

Genève, Salem Ben Ammar[248], Malika Sorel-Sutter[249], Soad Baba Aissa, Fatiha Boudjahlat[250] et Hamid Zanaz[251] en France font partie ces actifs défenseurs de la fraternité humaine.

L'auteure et journaliste Fawzia Zouari constate qu'il naît tous les jours des Kamel Daoud en Algérie[252]. Il faut donc garder l'espoir que les sociétés musulmanes trouveront en leur sein suffisamment de forces vives pour réussir à renverser le courant islamique létal.

Les musulmans qui osent penser librement et critiquer leur religion en ce XXIe siècle, victimes d'accusations haineuses et de menaces de mort, doivent être mieux soutenus. Les gouvernements, les médias et les universités accordent trop d'importance à des islamistes qui faussent les débats en prétendant être des « réformateurs modérés » tandis qu'ils accusent d'islamophobie les vrais penseurs pacifiques.

L'Histoire prouve, hélas, que les musulmans fondamentalistes réussissent toujours à s'imposer, même lorsqu'ils sont minoritaires, car ils ne reculent devant rien pour atteindre leur but.

---

[248] salembenammar.wordpress.com

[249] Malika Sorel, *Décomposition française : Comment en est-on arrivé là ?* Fayard, 2015.

[250] https://www.facebook.com/fatiha.boudjahlat?pnref=lhc.friends

[251] Hamid Zanaz, *L'Europe face à l'invasion islamique: Une civilisation en péril,* Editions de Paris, 2019

[252] liberation.fr/débats/2016/02/28/au-nom-de-kamel-daoud_1436364

VII

(2,216) Le combat vous a été prescrit …

Comme l'a souligné Nasr Hamid Abu Zeid, l'enseignement officiel islamique n'a toujours pas fait l'objet d'un débat sérieux et les discours communs des musulmans dits « modérés » se basent sur les mêmes postulats intellectuels que les discours des religieux ou extrémistes[253]. Ainsi, les jeunes musulmans apprennent, normalement, que les non-musulmans doivent être des citoyens de seconde zone; et l'esclavage, l'esclavage sexuel, et l'imposition du tribut aux *dhimmis* font partie des textes coraniques dont les musulmans dits modérés se contentent d'esquiver la critique[254].

En conséquence, le fondamentalisme terroriste islamique se régénère constamment grâce aux jeunes musulmans idéalistes, qui veulent recréer la société « idéale » de Médine.

Daech/ISIS, Talibans, Boko Haram, Al-Qaïda, Abou Sayyaf, Al-Mourabitou, Al-Qaïda (avec ses différentes branches), Ansar al-Charia, Frères Musulmans, Ansar Dine, Émirat du Caucase, Jemaah Islamiyah, Lashkar-e-Toiba, Hezbollah, Mouvement islamique d'Ouzbékistan, Mouvement islamique du Turkestan oriental, Ansar Beït al-Maqdess, Front al-Nosra, et autres islamistes continuent donc à semer la désolation et la mort sur tous les continents.

Du Bangladesh au Mali, de l'Afghanistan aux Philippines, des Pays-Bas au Soudan, les islamistes sont partout convaincus de la légitimité divine de leur violent totalitarisme. Ils se réfèrent toujours à Mahomet, ainsi qu'au Coran, et crient *« Allah Akbar »* en commettant leurs crimes. Leurs convictions ne dépendent indubitablement pas d'un contexte culturel, géographique ou social particulier.

De nombreux groupes islamistes locaux ont prêté allégeance à l'État Islamique en Irak et au Levant (Daesh) dont les crimes, souvent largement médiatisés à dessein par les islamistes eux-mêmes, suscitent l'horreur dans le monde entier. L'horreur s'accompagne de stupéfaction en constatant que ce nouveau califat suscite des vocations terroristes chez des jeunes qui ont

---

[253] Nasr Hamid Abu Zeid, *Critique du discours religieux* p 191.
[254] *Critique du discours religieux* p 73.

grandi en Occident et qui rêvent de donner un sens et une nouvelle dimension à leur vie.

La terreur de l'État Islamique, qui constitue la manifestation la plus récente de l'idéal islamiste, ne doit pas faire oublier les pays dont les citoyens subissent depuis des décennies une *charia* qui ne reconnait aucun des droits humains.

L'Afghanistan, qui fut au cœur des royaumes gréco-bactriens et de l'Empire kouchan, est aujourd'hui une République Islamique classée en tête des pays les plus dangereux pour les femmes ; les attaques de drones américains ne réussissent pas à entamer le pouvoir de nuisance des *Talibans* – pieux élèves des *madrassas* – qui y font régner la terreur.

L'Arabie saoudite, qui a refusé de signer la charte des droits de l'homme et où les libertés fondamentales ne sont pas respectées, est un exemple de théocratie islamique où les décapitations sont une distraction publique après la prière du vendredi.

L'Arabie millénaire est devenue saoudite lorsque les Wahhabites d'Abdul Aziz Ibn Saoud se sont emparés de Riyad en 1902, puis de la Mecque et de Médine en 1924, en pratiquant un *jihad* semblable à celui de l'État Islamique d'Abu Bakr al-Baghdadi.

Abdul Aziz Ibn Saoud était le descendant de Mohammed ibn al Saoud (1705-1785), qui s'était allié avec Muhammad Ibn Abd el Wahhab (1703-1792) pour contraindre les tribus arabes à se conformer à l'islam de Médine du temps de Mahomet – il a ainsi réhabilité la lapidation des femmes.

Abd el Wahhab, qui avait séjourné à Médine vers 1730, était convaincu que l'islam, qui a pu au VIIe siècle partir à la conquête de l'Asie, l'Afrique et l'Europe, possède les ressources nécessaires pour dominer le monde. Il se lança dans une guerre de conquête et fonda le mouvement « *al Da'wa lil Tawhid* » (Appel à l'unité) qui fut bientôt connu sous le nom Wahhabite[255].

M. Ibn Abd el Wahhab avait étudié les écrits du fondamentaliste Ibn Taymiyya; il pensait que la décadence du monde musulman avait été provoquée par la trahison du message originel de l'islam, sous l'influence des traditions tribales préislamiques ainsi que des riches civilisations des terres envahies. Selon le fondateur du Wahhabisme, l'islam ne redeviendrait puissant qu'en revenant à un monothéisme pur et à un *jihad* « sans craindre la mort dans la lutte » pour le triomphe de la vérité[256].

---

[255] Charles Allen, *God's Terrorists,* p. 50.
[256] Ramadan, *Aux sources du renouveau musulman,* p. 40-43.

Il regrettait que l'influence des cultures des pays envahis ait entraîné des innovations (*bida'*), et des interprétations personnelles des philosophes et des juristes relatives à l'illicite et au licite en Islam, alors que seuls doivent être valables les propos d'Allah (le Coran) et l'imitation de Mahomet.

Les Wahhabites entreprirent leur conquête de l'Arabie à partir de 1746, attaquant les tribus les plus faibles, imposant une application rigoureuse de la *charia*, avec le lynchage des femmes à des tribus qui s'y opposaient, et concluant des pactes de non-agression avec les tribus plus fortes. Le cinquième du butin allait à l'émir, le reste allait aux combattants et à l'imam, et les oulémas empochaient la *Zakat*[257].

Le contrôle des deux villes saintes de l'islam, la Mecque et Médine joint aux revenus désormais immenses de la manne pétrolière a donné au Wahhabisme, depuis plusieurs décennies, d'énormes possibilités pour propager l'islam fondamentaliste dans le monde entier.

Les Perses, rivaux millénaires des Arabes, se trouvent également entre les griffes d'une théocratie islamique installée en Iran par l'Ayatollah Khomeiny (1902-1989). Malgré l'immense richesse de sa culture antique, le peuple iranien peine à se libérer du régime des mollahs mis en place par Khomeiny. L'Ayatollah, en qui tant de personnes voulaient voir un sage pacifique, une sorte de saint, parce qu'il était un vieil homme pieux, a révélé le terrifiant visage de la piété totalitaire islamique.

La République islamique d'Iran a mis à mort 30.000 personnes dans l'année qui a suivi sa prise de pouvoir. Elle exécute chaque année des centaines de personnes. Les victimes sont généralement pendues, mais elles peuvent être décapitées, ou lapidées, ou même précipitées dans le vide du haut d'un immeuble.

Alors qu'une guerre sans merci oppose les islamistes chiites du Hezbollah (mouvement islamiste paramilitaire, créé avec un financement iranien et soumis à la doctrine du *velayat-e faqih*) aux islamistes sunnites de l'État Islamique, en Syrie, il est nécessaire de se souvenir que ces deux islams fondamentalistes puisent aux mêmes sources du Coran et de la *Sunna* (dont fait partie la *Sirâ*). Les fondamentalistes sunnites et chiites sont convaincus de la nécessité de voiler les femmes et d'user de la terreur, pour faire régner la loi d'Allah. Les chiites étant beaucoup moins nombreux que les sunnites, leur terrorisme se manifeste moins à l'échelle mondiale.

---

[257] Allen, *God's Terrorists*, p. 55 ; *Comprendre l'islam*, p. 351-353.

Le livre vert de l'ayatollah Khomeiny révèle très clairement son ambitieux projet d'imposer la *charia* islamique au monde entier[258].

La République islamique d'Iran soutient le Hamas sunnite qui est une branche des Frères Musulmans. Se basant sur le Coran et la *sunna*, le Hamas estime que le *jihad* est un devoir religieux et considère toute la Palestine comme un *waqf* (bien de mainmorte) confié par Allah à l'*umma* musulmane.

Les islamistes palestiniens entretiennent l'espoir de leur victoire finale et de la disparition de l'État d'Israël. Ils se réfèrent à des *hadiths* comme celui qui prédit que les juifs finiront par se cacher derrière un rocher ou un arbre et que le rocher ou l'arbre préviendront les musulmans pour qu'ils tuent les juifs[259].

Les Frères Musulmans de l'égyptien Hassan al Banna (1906-1949), dont l'islamiste égypto-suisse Tariq Ramadan défend la mémoire et les idées, militent inlassablement pour imposer la *charia* dans le monde entier. T. Ramadan rappelle que H. al Banna, son grand-père maternel, a conclu un pacte de service avec Allah en se référant au verset : (47,7) *Ô vous qui croyez ! Si vous faites triompher Allah, Il vous fera triompher et raffermira vos pas*[260]. Il explique qu'al Banna s'opposait aux idées défendues par les musulmans « européanisant », qui proposaient d'édifier des sociétés musulmanes respectueuses des droits humains universels.

H. al Banna a dressé, lors du Ve congrès des Frères Musulmans, un tableau des perceptions erronées que les musulmans ont de leur religion. Il a reproché à ses coreligionnaires de limiter l'islam à une dimension morale et spirituelle alors que l'islam est foi, patrie, nationalité, religion, État,

---

[258] *« Le gouvernement islamique est soumis à la loi de l'islam qui n'émane ni du peuple ni de ses représentants, mais directement d'Allah et de sa volonté divine. La loi coranique, qui n'est autre que la loi divine, constitue l'entité de tout gouvernement islamique et règne immanquablement sur tous les individus qui en font partie. Le Prophète, les califes et les gens du peuple, doivent obéissance absolue à ces lois éternelles du Tout-Puissant transmises aux mortels à travers le Coran et le Prophète, et qui resteront immuables jusqu'à la fin des temps. »*
« La guerre sainte signifie la conquête des territoires non musulmans. Il se peut qu'elle soit déclarée après la formation d'un gouvernement islamique digne de ce nom, sous la direction de l'Imam ou sur son ordre. Il sera alors du devoir de tout homme majeur et valide de se porter volontaire pour cette guerre de conquête dont le but final est de faire régner la loi coranique d'un bout à l'autre de la Terre Éditions libres Hallier, 1979 ; *The little green book of Ayatollah Khomeyni*, Logostar Press, 2011.
[259] N° 6985 du *livre 41*, de *Sahih Muslim*.
[260] Tariq Ramadan, *Aux sources du renouveau musulman*, p. 191.

spiritualité et action, « Coran et épée[261] » – comme l'indique le logo des Frères Musulmans.

Bien qu'estimant que les Égyptiens en général ignoraient tout de leur religion, et la pratiquaient par imitation, al Banna préférait couper court à des débats qu'il jugeait peu utiles à son combat politique; tels ceux concernant l'origine du nom Allah[262].

En décourageant la réflexion critique et les débats qui posent de vraies questions, al Banna se montrait toujours fidèle à l'exemple de Mahomet qui n'admettait pas non plus la controverse.

(3,7) C'est Lui qui a fait descendre sur toi le Livre : il s'y trouve des versets sans équivoque, qui sont la base du Livre, et d'autres versets qui peuvent prêter à d'interprétations diverses. Les gens, donc, qui ont au cœur une inclinaison vers l'égarement, mettent l'accent sur les versets à équivoque, cherchant la dissension en essayant de leur trouver une interprétation, alors que nul n'en connaît l'interprétation, à part Allah. Mais ceux qui sont bien enracinés dans la science disent : "Nous y croyons : tout est de la part de notre Seigneur !" Mais, seuls les doués d'intelligence s'en rappellent.

Al Banna a rejoint Ibn Taymiyya dans son ambition d'unir les musulmans autour des sources reconnues du Coran et de la *sunna* tout en évitant les débats qui compromettent la politique de conquête[263]. Ibn Taymiyya est l'islamiste qui se base sur les versets (2,193) et (8,39) pour justifier le *jihad* jusqu'à la soumission du monde entier à une autorité musulmane[264].

(8,39) Et combattez-les jusqu'à ce qu'il ne subsiste plus d'association, et que la religion soit entièrement à Allah. Puis, s'ils cessent (ils seront pardonnés car) Allah observe bien ce qu'ils œuvrent.

Pour al Banna, le combat armé, le *jihad*, permet d'imposer l'islam conformément au verset :

(2,193.) Et combattez-les jusqu'à ce qu'il n'y ait plus d'association et que la religion soit entièrement à Allah seul. S'ils cessent, donc plus d'hostilités, sauf contre les injustes.

Al Banna a rappelé que le Coran précise que le combat est obligatoire, comme l'indique le verset: *(2,216) Le combat vous a été prescrit alors qu'il vous est désagréable. Or, il se peut que vous ayez de l'aversion pour une chose alors qu'elle vous*

---

[261] Ramadan, *Aux sources du renouveau musulman* p. 245-247.

[262] *Aux sources du renouveau musulman*, p. 265.

[263] *Ibid.*, p 249.

[264] Allen, Charles. *God's terrorists*, p 46.

est un bien. Et il se peut que vous aimiez une chose alors qu'elle vous est mauvaise. C'est Allah qui sait, alors que vous ne savez pas.

À la lumière de l'exemple de Mahomet, qui a imposé l'islam autour de lui en combattant tous ceux qui refusaient de se soumettre, le fondateur des Frères Musulmans a créé une organisation spéciale destinée à la « défense » des Frères Musulmans[265].

Le militantisme guerrier d'al Banna fut développé par Sayed Qutb, qui adhéra en 1951 à la société des Frères Musulmans et y assuma immédiatement la responsabilité de la section de la *da'wa* (propagande). En 1964, Qutb fit publier *Ma'alim fi al Tariq*, qui contient plusieurs pages de son œuvre *Fi zilal al-Qur'an* (A l'ombre du Coran), en vue d'imposer le règne d'un islam « authentique ». Cette œuvre fut considérée par le pouvoir égyptien comme un programme précis d'attentats et de coups d'État[266].

Dans ses écrits, Sayed Qutb plaide avec conviction en faveur du *jihad*. Appuyant son raisonnement sur de nombreux versets coraniques, il précise que le combat n'est pas destiné uniquement à la défense des musulmans ou à empêcher qu'ils soient détournés de leur foi. Il explique que le combat « *qital* » et le pillage sont prescrits à tous les musulmans et que les meurtres ne cesseront que quand « l'incroyance » cessera[267].

Tariq Ramadan rapporte que Qutb estimait qu'il n'y a que deux types de sociétés possibles, soit musulmane soit *jahilite* (ignorante/non-musulmane), et que le gouvernement de Gamal Abdel Nasser était *jahili (hukm jahili kafer)*[268].

L'islam fondamentaliste a freiné la pacification et le développement de toutes les sociétés qui subissent son influence.

L'impact dévastateur des musulmans fondamentalistes est assez clairement illustré en Égypte, qui tente de résister depuis plus d'un siècle à leur hégémonie. Le président Sissi est contraint de les combattre comme avaient dû le faire avant lui les différents pouvoirs égyptiens.

Pour mesurer les effets corrosifs de la politique haineuse des islamistes sur les peuples, nous pouvons comparer, par exemple, l'évolution du pays des pharaons à celle du Japon.

---

[265] Ramadan, *Aux sources du renouveau musulman*, p. 353-356.
[266] Olivier Carré, *Mystique et politique*, p. 23.
[267] Olivier Carré, *Mystique et politique*, p. 254-255.
[268] *Aux sources du renouveau musulman*, p. 424.

Le Japon, suite à une longue période de crises et confronté à la supériorité de la puissance occidentale, a fait le choix au XIXe siècle de se mettre à l'école de cette culture ennemie.

L'empereur Mutsuhito (1852-1912), monté sur le trône à l'âge de 14 ans en 1867, prit conscience du fossé qui existait entre la société japonaise et les sociétés occidentales. Il réalisa que d'importants changements s'imposaient à l'ordre social japonais et adopta le nom de règne de *Meiji Tenno* (*Meiji* signifie lumière en japonais).

En 1871 l'empereur abolit la hiérarchie imposée par les *shoguns* et envoya en Occident des missions en vue d'en apprendre la culture, l'industrialisation, la démocratie et l'émancipation des femmes. En 1889 *Meiji Tenno* boucla l'ère des réformes en introduisant une constitution et en se défaisant d'une partie de son pouvoir au profit de deux assemblées élues.

En 45 ans de règne, Mutsuhito a conduit son pays du Moyen-âge à l'ère industrielle. La bellicosité du Japon, pendant la deuxième guerre mondiale, n'a pas entamé la curiosité des japonais pour la culture occidentale. Après sa défaite, qui a mis un terme à ses ambitions militaires impérialistes, le pays du Soleil-Levant a consacré toute sa combativité à la culture et à l'économie. Le Japon était en 2015, selon le FMI, la troisième puissance économique mondiale.

Au début du XXe siècle la Chine a décidé, à son tour, de se mettre à l'heure de l'exemple occidental.

L'ouverture de la société égyptienne à l'Occident, entreprise à partir du XIXe siècle, fut, quant à elle, freinée par le réveil d'un islam fondamentaliste qui rejetait la culture occidentale inférieure, *jahila*, et qui n'a pas tardé à recourir à la violence.

Les premières tentatives de réforme des sociétés musulmanes sont apparues en Égypte au début du XIXe siècle avec le débarquement de Napoléon en 1798.

Bonaparte avait embarqué pour l'Égypte avec ses meilleurs soldats, mais aussi cent soixante-sept savants dont des ingénieurs, des artistes, des mathématiciens, des géographes, des historiens, et des spécialistes de l'Égypte. Le mathématicien Gaspard Monge, l'artiste et archéologue Vivant Denon, le physicien-mathématicien Joseph Fourier et Jean-François Champollion – qui a permis aux Égyptiens de redécouvrir leur histoire en déchiffrant les hiéroglyphes – faisaient partie du voyage. Ces hommes de lettres, artistes et savants ont étudié l'Égypte sous tous ses aspects. Ils ont créé une revue scientifique la *Décade égyptienne* et ont fondé l'*Institut d'Égypte*.

Tidiane N'Diaye a relevé le contraste entre le comportement des savants européens – qui encouragèrent la culture, conduisirent des fouilles archéologiques et aidèrent les peuples musulmans à redécouvrir leur passé préislamique – et celui des négriers arabo-musulmans qui, à la même époque, poursuivaient leurs chasses à l'homme et ravageaient le continent noir[269]. Tidiane N'Diaye souligne ainsi qu'en 1870, on évaluait encore à trente mille le nombre de captifs arrivés sur le *souk el 'Abid* (marché aux esclaves/noirs) de Khartoum malgré la législation que les Occidentaux avaient réussi à imposer[270].

L'incursion massive de la culture française imposa aux Égyptiens une prise de conscience du retard pris par leur pays. Le souverain égyptien d'origine albanaise, Muhammad Ali (1769-1849), constatant avec lucidité que seule une éducation ouverte à la culture occidentale permettrait de faire évoluer les mentalités et de moderniser l'Égypte, lança, après son accession au pouvoir en 1805, un gigantesque travail de traduction d'ouvrages occidentaux. Il envoya également de jeunes Égyptiens étudier en Europe, et principalement en France, accompagnés d'imams.

C'est ainsi que l'imam Rifa'a Rafic al-Tahtawi (1801-1873) séjourna à Paris, de 1826 à 1831, puis se consacra à l'édification des bases d'une renaissance culturelle dans sa patrie. Les nombreux ouvrages qu'il rédigea révèlent son souci d'instruire en vue de contribuer à l'édification de l'Égypte moderne et rayonnante dont il rêvait[271]. Son livre *Takhlis al-Ibriz* publié en 1834 conseille à ses coreligionnaires de s'inspirer des vertus politiques et sociales de l'Occident. Avec un sincère désir de bien faire, al-Tahtawi réalisa que pour vraiment évoluer il ne suffisait pas de tenter de maîtriser des connaissances techniques et scientifiques mais qu'il était également nécessaire d'adopter les valeurs qui ont permis l'émergence des démocraties occidentales si créatives.

Partisan du respect des droits humains, il estimait que la liberté est inhérente à la nature humaine. Son discours courageux en Égypte au XIXe siècle l'est encore au XXIe siècle dans une Égypte où les droits humains sont toujours bafoués.

Al-Tahtawi envisageait une société égyptienne fondée sur une fraternité nationale incluant les non-musulmans. Son approche était véritablement

---

[269] N'Diaye, Tidiane. *Le Génocide voilé*, p. 135.
[270] N'Diaye, Tidiane. *Le Génocide voilé*, p. 148.
[271] *ibe.unesco.org/publications*

révolutionnaire dans une société où, depuis que l'islam existe, les non-musulmans ne peuvent être, selon la *charia*, que des *dhimmis* – citoyens impurs de seconde catégorie.

Il proposa la création d'écoles publiques qui offriraient la même éducation aux garçons et aux filles, mettraient l'éducation à la portée des plus pauvres, et dont les programmes scolaires aborderaient toutes les matières enseignées en Europe ainsi que l'enseignement d'autres langues que l'arabe. Il traduisit en arabe le *Code Napoléon*. L'école de traduction qu'il créa devint la première université laïque arabe.

L'émulation intellectuelle lancée dès les années 1820-1830 en Égypte inspira de nombreux penseurs réformateurs, mais l'Égypte, contrairement au Japon, n'a pu rejoindre le groupe des nations développées.

L'étroitesse de vue et l'apathie des successeurs de Muhammad Ali anéantirent, vers la fin du XIXᵉ siècle, une grande part des réformes entreprises. Les penseurs égyptiens qui souhaitaient de vraies réformes et appréciaient les valeurs de la culture occidentale furent menacés de mort par le fondamentalisme islamique des Frères Musulmans, ou d'Al Azhar, qui rejettent « l'ignorance » (*jahiliyya*) occidentale.

L'Égypte, qui avait entamé sa modernisation bien avant le Japon, est toujours au XXIᵉ siècle un pays en voie de développement.

Le mépris des islamistes envers les cultures des sociétés occidentales, impies, ne les empêche pas de rêver d'en prendre le contrôle et de s'emparer de leurs richesses. Les discours des musulmans fondamentalistes révèlent une ambition de dominer le monde entier dont l'Occident avec l'Espagne, qu'ils nomment toujours *Al-Andalous* comme lorsqu'elle était sous occupation musulmane. Les islamistes conseillent aux musulmans de s'inspirer des méthodes utilisées par Mahomet puis son beau-père et ses gendres, les quatre premiers califes, qui ont « soumis » la Mecque, Yathrib/Médine, Khaybar, Najran, Jérusalem et Alexandrie …

Certains islamistes n'hésitent pas à manifester très clairement les prétentions hégémoniques de l'islam. Le prêcheur saoudien Mamdouh Ben Ali Al-Harbi a déclaré que le terrorisme est exigé par la *charia* et par Mahomet, en se référant aux nombreux versets coraniques qui appellent au *jihad* sur le sentier d'Allah (8 : 60), (9 :123), (2 :216), (2 :193), (8 :12)[272].

---

[272] www.youtube.com/watch?v=lMCdHL7-g_Q

Mais pour les musulmans fondamentalistes, qui imitent Mahomet, la guerre ouverte n'est pas toujours la meilleure méthode: ils peuvent être quiétistes, pour s'infiltrer et assurer leur mainmise.

Les Frères Musulmans s'infiltrent partout. Gehad el-Haddad, dont le père Essam el-Haddad coordonnait avec les Frères Musulmans soudanais les opérations anti-chrétiennes au Sud Soudan, a fait partie de la direction de la *Clinton Fondation* de 2007 à 2012. Il a été condamné en Égypte, le 15 avril 2015, à la prison à vie pour activités subversives avec les islamistes.

« Il faut toujours avoir l'intelligence des combats ... » T. Ramadan

Dans son livre « *The challenge of Dawa ; Political Islam as Ideology* », Ayaan Hirsi Ali a exposé la dangerosité d'un islam activiste qui s'incruste dans la vie sociale et politique des démocraties pour en détruire la cohésion et les libertés.

Alors que les terroristes musulmans illustrent de la manière la plus sanglante les dangers de l'islam fondamentaliste. De nombreux musulmans fondamentalistes avancent masqués.

La *taqiya* est une tradition de mensonge et de ruse en vue d'assurer le triomphe de l'islam, elle se base sur l'exemple de Mahomet et certains versets coraniques.

(3,28) « Que les croyants ne prennent pas pour alliés des infidèles au lieu de croyants. Quiconque le fait contredit la religion d'Allah, à moins que vous ne cherchiez à vous protéger d'eux »

(3,54) « Ils [les mécréants] ont usé de ruse, et Allah aussi a rusé ; Allah est le meilleur des stratèges. »

Les islamistes sont subventionnés par l'argent du pétrole, qui leur sert également à créer des chaires d'étude de l'islam dans les grandes universités, pour acheter les intellectuels ou pour placer ceux qu'ils jugent utiles à leurs projets.

Pour l'islamiste Tariq Ramadan, l'Occident est terre de « *da'wa* »[273] – comme l'était l'Arabie avant d'être soumise à l'islam.

T. Ramadan, recommande la ruse et invite ses auditeurs à s'inspirer de Mahomet qui a longuement et méthodiquement « préparé ses combats » contre ceux qui lui résistaient. *«Il ne s'agit pas de se sacrifier inutilement ! Il faut toujours avoir l'intelligence des combats. Le prophète (…) prend une année et demie pour*

---

[273] Tariq Ramadan, *Western Muslims and the future of Islam*, p. 72.

préparer son départ de la Mecque pour aller à Médine. Quand vous savez qu'Allah est avec vous, vous partez dans le sud parce que vous savez que votre ennemi va penser que vous allez partir dans le nord (…) il faut utiliser sa tête, utiliser la compréhension de l'environnement[274] ».

Dans sa thèse rédigée en hommage à son grand-père, H. al Banna, Tariq Ramadan évoque avec mépris les savants et penseurs musulmans non fondamentalistes, qui s'efforcèrent, avec courage et une grande honnêteté intellectuelle, de trouver des solutions constructives aux problèmes auxquels leurs coreligionnaires sont confrontés. Ramadan cite notamment Taha Hussein, Quasim Amin, Mansour Fahmy, Ali Abderraziq, Mohamed Arkoun et Abdou Fillaly-Ansary[275].

Taha Hussein (1889-1973) estimait qu'avant d'être musulmane l'Égypte faisait partie du monde culturel méditerranéen comme la Grèce et la France. Ses études relatives à la poésie préislamique et au Coran l'avaient conduit à écrire, en 1926, que le récit de la venue d'Abraham à la Mecque ainsi que la thèse de la construction de la Ka'ba par Abraham et Ismaïl avaient été inventés, bien avant l'époque de Mahomet, dans le cadre de tensions régnant en Arabie entre des Arabes et des tribus juives[276]. Ses écrits, non-conformistes, au sujet de l'histoire de l'Égypte et de l'islam lui valurent des critiques, des menaces, et des poursuites judiciaires. Acquitté à l'issue d'un long procès, il supprima les passages controversés dans la seconde édition de son livre[277].

La diffamation des vrais réformateurs est aussi une arme islamiste, ainsi T. Ramadan souligne le rôle du département de la mission française de recherche et de coopération, en Égypte, dans la traduction de *L'islam et les fondements du pouvoir*[278] d'A. Abderraziq, pour suggérer son assujettissement.

Dans sa thèse, qui soutient un « renouveau musulman » par la fidélité aux enseignements coranique de Médine et par l'imitation de Mahomet, Ramadan fait l'apologie des islamistes salafistes, qui se considèrent « jihadistes et réformistes » (*mujahiddun wa Islahiyyun*)[279].

---

[274] www.youtube.com/watch?v=uChGkA3M3bI .

[275] *Aux sources du renouveau musulman*, p. 19.

[276] Safran, Nadav. *Egypt in Search of a Political Community*.

[277] Weekly.ahram.org. No 402, 5-11 November 1998.

[278] *Aux sources du renouveau musulman*, p. 22.

[279] Ramadan, *Aux sources du renouveau musulman*, p. 22.

Il y évoque avec admiration la mobilisation « identitaire » de fondamentalistes tels Muhammad Ibn Abd el Wahhab et Jamal al-Din al-Afghani (1838-1897), dont la « pensée réformiste » encourage un retour aux sources du Coran et de la *Sunna* en vue de soutenir la résistance à la culture coloniale; afin de préserver l'identité musulmane et l'unité de l'*umma*[280].

Ramadan rappelle qu'al-Afghani se place dans la lignée d'Ibn Taymiyya (1263-1328) et de Muhammad Ibn Abd el Wahhab, fondateur du Wahhabisme[281], tous salafistes comme Hassan al Banna.

Il évoque avec regret l'époque où Murad Ier a pu envahir l'Europe et l'Asie Mineure; Murad Ier est le sultan qui a inauguré le système esclavagiste du *devchirmé* consistant à « récolter les enfants » des populations chrétiennes des Balkans et de l'Anatolie qu'il avait envahis.

Ramadan déplore l'affaiblissement de l'Empire ottoman qui avait pu s'emparer de Constantinople et s'étendre de l'Autriche au golfe Persique[282]. Il souligne que la charte impériale réformatrice (*khatt-i sharif*), promulguée le 3 novembre 1839 par le sultan Abd al-Majid, n'était pas d'inspiration islamique.

L'activisme de Jamal al-Din al-Afghani, qui a exploité les réseaux de la franc–maçonnerie et s'est adressé principalement à la jeunesse pour faire progresser son projet identitaire islamique, semble particulièrement influencer Tariq Ramadan. Ce dernier affirme que les méthodes d'al-Afghani ont inspiré les méthodes des mouvements identitaires islamiques depuis la fin du XIXe siècle.

Rachid Rida, Sa'id an Nursi, Ibn Badis, Muhammad Iqbal et Hassan el Banna, qui se sont inspirés du Coran et de l'exemple de Mahomet, ont effectivement donné la priorité à l'éducation, dans les mosquées et les associations, ainsi qu'à l'action sociale[283] car elles permettent d'influencer les jeunes facilement manipulables.

L'islamiste Rashid Rida, cité comme un « bon réformateur » par Tariq Ramadan, qualifiait de *mutafarnijine* « francisés » les réformateurs qui n'étaient pas islamistes[284]. L'islamiste algérien Ibn Badis, que Tariq Ramadan admire, a œuvré à la reconquête de l'identité « arabo-islamique »

---

[280] *Ibid.*, p. 36.

[281] Ramadan, *Aux sources du renouveau musulman*, p. 75.

[282] Ibid., p. 37.

[283] *Aux sources du renouveau musulman*, p.130-132.

[284] *Aux sources du renouveau musulman*, p.133.

du peuple algérien[285]. Les identités non arabes et/ou non islamisées, le peuple Kabyle, la culture Amazigh, l'Afrique juive, chrétienne et animiste sont tout simplement rayés de la mémoire des peuples victimes du projet identitaire islamique.

Toujours soucieux de présenter les islamistes comme des victimes, T. Ramadan se fait aussi l'écho de la blessure profonde, douloureuse, de son grand-père, qui constatait que les Occidentaux ont occupé les cœurs et les pensées des musulmans – qui devraient haïr l'Occident impie. Il expose la souffrance ressentie par al Banna à cause de la présence des missionnaires chrétiens qui transmettaient au cœur de l'Égypte les valeurs occidentales et une compréhension de la religion ne correspondant pas à celle de l'islam[286].

Manifestement inspiré par l'activisme de Jamal al-Din al-Afghani, qui se présentait comme un intellectuel modéré et affable, Ramadan, comme tous les islamistes, refuse de voir les causes endogènes du retard économique et social des sociétés musulmanes. Il veut, tout comme al-Afghani, croire à la décadence des sociétés occidentales et explique qu'elles ne peuvent être classées *« Dar el Harb »* (territoire de la guerre), car les musulmans ont la liberté d'y pratiquer leur foi, ni *« Dar el Islam »* (territoire de la paix) car le pouvoir n'y est pas musulman. Il conclut, que l'Occident laïc et matérialiste est terre de *« da'wa »* – d'appel à l'islamisation[287]. L'Occident est donc comparé à l'Arabie avant que Mahomet n'y impose l'islam.

Ramadan se permet d'accuser « d'aveuglement inquiétant » le souci des citoyens occidentaux soucieux de défendre les valeurs sur lesquelles sont édifiées leurs démocraties, tout en soutenant vigoureusement les revendications identitaires des musulmans qui veulent imposer en Occident leurs paradigmes sociaux et moraux.

Méprisant les souffrances des innombrables victimes des islamistes partout dans le monde, il prétend que l'affirmation identitaire musulmane est une réaction au comportement des Occidentaux qu'il accuse de considérer que « s'affirmer pour soi », c'est forcément s'affirmer « contre eux[288] ».

---

285 Ramadan, *Aux sources du renouveau*, p. 154.
286 *Ibid.*, p 361-363.
287 Tariq Ramadan. *Western Muslims and the Future of Islam*, p. 72.
288 Ramadan. *Western Muslims and the Future of Islam*, p. 450.

Ramadan glisse dans ses réquisitoires pontifiants les mots colonisation, pillage du tiers-monde et islamophobie pour culpabiliser ses détracteurs. Ignorant la colonisation d'une large partie de l'Europe, de l'Afrique et de l'Asie par des musulmans qui ont massacrés, ou réduit en esclavage, des dizaines de millions d'êtres humains, au nom d'Allah, il rend l'Occident responsable de la misère provoquée dans les pays musulmans par des pouvoirs musulmans totalitaires et œuvre à extorquer des droits, à la différence, qui mènent à la ségrégation et au communautarisme déshumanisant de la *charia*[289].

T. Ramadan exige de ne pas confondre avancée scientifique (qu'il concède temporairement à l'Occident), avec supériorité idéologique, morale et philosophique (qui serait l'apanage de Ramadan et ses semblables).

Ramadan appelle constamment l'Occident à « s'ouvrir » pour mieux s'adapter à l'islam, mais n'évoque pas une quelconque ouverture des pays musulmans qu'il encourage à cultiver leur différence. Il ne souhaite pas non plus l'accueil des non-musulmans à la Mecque ou à Médine, ni une évolution de la *charia*. Il ne s'émeut pas du sort des femmes lapidées en terre d'islam, des Coptes décapités, assassinés dans leurs églises, ni des Nigériens chrétiens massacrés par Boko Haram. Il s'émeut des fouilles subies par des musulmans en Occident, après des attentats, ainsi que de la répression exercée par le président Sissi contre les islamistes.

Si l'Europe et les États-Unis sont aujourd'hui terres de *« da'wa »* pour Ramadan[290], à l'exemple de la Mecque du temps de Mahomet, cela signifie qu'à terme les pays occidentaux devront se soumettre à l'islam et à la *charia*; comme y furent contraints les Arabes et tous les habitants des pays envahis par les disciples de Mahomet.

Aux États-Unis, au cours d'une conférence organisée par le parti *Hizb Ut-Tahrir-America* (Parti de la Libération-Amérique), en mai 2016 à Glendale Heights dans l'Illinois, les intervenants ont expliqué que l'activisme politique est au cœur de l'islam.

Dans un discours virulent, ponctué par les « *Allah Akbar* » hurlés par l'assistance, le conférencier Haitham Ibn Thbait a évoqué l'exemple de Mahomet qui a refusé d'accepter l'ordre polythéiste laïc des Mecquois, car Mahomet voulait établir un système politique selon lequel la souveraineté appartient à Allah seul. Il a rappelé que la *da'wa* s'adresse à tous et que

---

[289] Ramadan. *Mon intime conviction,* p. 100, 102, 161, 178,179
[290] T. Ramadan. *Western Muslims and the Future of Islam,* p. 72.

Mahomet a réussi à imposer ses idées en combattant sans merci tous ses contemporains qui, en Arabie, refusaient de se soumettre à son nouvel ordre divin.

Ibn Thbait a précisé que l'imitation de Mahomet offre une méthode précise permettant d'assurer la suprématie de l'islam, car le message de l'islam n'est pas l'intégration, il est la domination. Il a critiqué l'idée d'un islam pacifique et assimilé, tel celui décrit au Caire et à Baltimore par Obama qu'il a accusé de n'avoir aucune légitimité pour interpréter l'islam[291].

En Angleterre l'islamiste **Reza Pankhurst,** affilié à l'organisation CAGE, avec laquelle collabore Tariq Ramadan, rêve de califat et se lamente en évoquant la persécution des « musulmans criminalisés parce qu'ils respectent leurs obligations en faisant le *jihad* » en Syrie. Il s'indigne du fait que les enseignements qui se trouvent dans tous les livres musulmans soient qualifiées d'extrémistes, et que ceux qui croient à ces enseignements soient traités de terroristes, ce qui entraîne la criminalisation des enseignements de l'islam concernant le califat et le *jihad.*

Reza Pankhurst appelle à soutenir les jihadistes qui se battent et rappelle que les musulmans seront jugés sur leur fidélité à l'islam[292].

Le britannique Anjem Choudary abuse, depuis des années, de la liberté d'expression du Royaume Uni et appelle au renversement de toutes les démocraties en vue du triomphe du règne d'Allah[293].

Les propos de certains musulmans fondamentalistes peuvent être ouvertement agressifs et d'autres sont plus hypocrites mais tous finalement appellent à imposer un pouvoir islamique totalitaire en s'inspirant de l'exemple de Mahomet, qui a su utiliser la ruse aussi bien que l'épée pour triompher.

L'association « *Council on American-Islamic Relations* » CAIR aux États-Unis, le Collectif Contre l'Islamophobie en France, CCIF, n'évoquent jamais les souffrances infinies provoquées dans le monde entier par l'islam fondamentaliste. Ils submergent l'Occident de revendications identitaires qui alimentent le communautarisme tout en s'efforçant de détruire moralement, socialement et financièrement toute personne qui ose critiquer

---

[291] www.memri.org/tv/american-hizb-ut-tahrir-leader-exhorts-muslims-refrain-voting-us-elections-says-islam-here

[292] youtube.com/watch?v=PNZQK2SCmLc

[293] youtube.com/watch?v=O7MfBvUszQc

l'islam, en la diabolisant et l'accablant de critiques et de poursuites judiciaires.

En France, Makhlouf Mameche, président de la Fédération Nationale de l'Enseignement Privé Musulman (FNEM), directeur adjoint du lycée Averroès et vice-président de l'Union des Organisations Islamiques de France (UOIF, antenne française des Frères Musulmans), explique que les musulmans doivent travailler secrètement, comme l'a fait Mahomet, tant qu'ils n'ont pas les moyens de vaincre, par la force, afin de réussir imposer leur programme au moment propice.

« Voilà comment le Prophète a planifié dans un secret total son plan d'action, son projet, son programme. On doit travailler secrètement … Quand on est en état de faiblesse, il faut attendre un peu. Il faut acquérir la force pour pouvoir réagir. En tant que communauté musulmane de France, nous devrons travailler en douceur … Nous devons multiplier nos actions sans faire trop de bruit[294] ».

L'islam fondamentaliste « quiétiste » est une ruse en vue du triomphe. Le prédicateur Abu Taqi Al-Din Al-Dari a annoncé dans un discours à la mosquée Al-Aqsa à Jérusalem, en Mars 2019, que la France sera musulmane en 2050 et servira de base pour imposer l'islam à toute l'Europe[295].

Les revendications identitaires musulmanes, même pacifiques, témoignent de l'omniprésence de la menace qui pèse sur toutes les civilisations, les droits humains et la paix.

---

[294] youtube.com/watch?v=HnZRtwGBjtU
[295] https://www.youtube.com/watch?v=wEamLhFqOXo

Conclusion

L'Histoire de l'islam prouve que Mahomet et ses disciples ont commencé par faire la guerre aux membres de leurs propres familles et de leurs clans ainsi qu'aux habitants de l'oasis de Yathrib/Médine, où ils avaient émigré, puis à tous les habitants libres de l'Arabie pour les contraindre à se soumettre à la volonté de Mahomet et à sa *charia*.

Les versets qui appellent à tuer les ennemis d'Allah étaient destinés à briser les relations affectives naturelles, les liens traditionnels, familiaux, tribaux et de voisinage entre les habitants de l'Arabie. De nombreux habitants de cette Arabie préislamique étaient chrétiens ou juifs ; le mecquois Waraqa bin Nawfal, conseiller de la première épouse de Mahomet, Khadija, était chrétien; et des juifs étaient voisins, parents et alliés des Arabes à Médine. C'est pourquoi on peut lire dans le Coran (5,51) *Ô les croyants ! Ne prenez pas pour alliés les Juifs et les Chrétiens* …

C'est toujours pour détruire les libertés de penser, de vivre en paix et d'aimer que les islamistes commettent des attentats terroristes et soutiennent le communautarisme partout dans le monde, au XXIe siècle.

Muhammad Mahmoud Taha a été accusé d'apostasie parce que le raisonnement qu'il suivi, en considérant que les versets mecquois pacifiques préislamiques sont prophétiques et éternellement valables, ébranle toutes les fondations de l'islam puisque Mahomet s'est imposé par la violence d'un *jihad* ininterrompu après l'hégire en 622.

Les versets mecquois, de l'ère préislamique, ne condamnaient pas le vin, la musique, la dance et la poésie, ils ne contraignaient pas les femmes à rester enfermées et à se voiler *« pour être reconnues et ne pas être molestées »*, et ils respectaient les dix commandements.

Les enseignements de Mahomet avant l'hégire font partie de la culture *jahila*, celle de Waraqa bin Nawfal et de Khadija, que le prophète de l'islam a réussi à détruire par la terreur, après l'hégire, comme l'a noté Ibn Khaldoun[296]. Dans l'Arabie préislamique les liens familiaux étaient sacrés, tout comme l'était la paix durant le mois de sacré du ramadan.

Les Saoudiens ont été choqués, à juste titre, que deux jeunes musulmans pieux, Khaled et Saleh al-Oraini, invoquent leurs obligations de

---

[296] Ibn Khaldoun, *les prolégomènes*, Vol 2, p. 89.

fidélité à l'islam pour assassiner leur mère qui voulait les empêcher de rejoindre l'État Islamique en Syrie.

Abdul-Salam al Wail, professeur de sociologie à la King Saud University a rappelé, à cette occasion, que le grand théologien et jurisconsulte musulman Ibn Taymiyya (1263-1328) avait émis une *fatwa* permettant à un fils d'assassiner son père s'il était apostat. Comme Ibn Taymiyya fut une source d'inspiration pour le fondateur du wahhabisme, les autorités saoudiennes se sont émues de cette référence qui justifie un crime allant à l'encontre des traditions arabes de respect des parents.

Saleh bin Abdul-Aziz Al Sheikh, qui fut ministre des affaires islamiques, a immédiatement réagi et déclaré que la *fatwa* d'Ibn Taymiyya avait été citée hors contexte. Rashed bin Othman al-Zahrani vice-président de l'« *Electronic Islam Academy* » a précisé que la *fatwa* était destinée aux conflits lorsque le fils se bat du côté des musulmans alors que le père est du côté des apostats[297].

C'est le précèdent créé par Abou Ubayda ibn al Jarrah, à qui Mahomet assura qu'il irait au paradis lorsqu'il a tué son père à Badr, qui vient hanter les Saoudiens et personne n'ose remettre en question l'éthique d'une promesse de paradis pour un parricide.

Les meurtres intrafamiliaux perpétrés au nom de l'islam au VIIᵉ siècle allaient à l'encontre des valeurs les plus sacrées de la Mecque préislamique. Ces meurtres suscitent toujours l'effroi de toute personne normale et des musulmans qui veulent juste vivre sans guerroyer.

Un grand nombre de musulmans ne voit tout simplement pas dans l'islam la violence qui inspire les fondamentalistes. C'est que, comme l'a relevé Tariq Ramadan en évoquant son grand-père, H. Al Banna, les musulmans ne comprennent pas vraiment les exigences de l'islam, car le véritable islam ne sépare pas « le Coran de l'épée [298] »!

Le médecin, et journaliste, Ali A. Rizvi, a écrit que ses parents, cultivés et modernes, ainsi que tous leurs amis musulmans pakistanais pieux et pacifiques, incapables de lire le Coran ainsi que de comprendre l'arabe et les versets coraniques qu'ils mémorisaient, ne connaissaient pas l'islam.

Il décrit leurs dénégations horrifiées lorsqu'il leur prouva l'existence des versets coraniques appelant au meurtre, et aussi sa prise de conscience du fait que ses parents étaient vraiment de bonnes personnes non pas à cause

---

[297] reuters.com/article/uk-saudi-militants-idUKKCN0ZL1BY
[298] Ramadan, *Aux sources du renouveau musulman*, p. 247.

de leur religion, mais malgré elle[299]. Comme Taslima Nasreen, Ali A. Rizvi critique l'impérialisme islamique qui a détruit les pays islamisés ainsi que leurs cultures ancestrales[300].

Les musulmans qui sont choqués par la violence des musulmans fondamentalistes durant le ramadan sont en fait des *hunafa*, ils pratiquent, sans le savoir, un ramadan préislamique. Leur ramadan et leur foi correspondent au « *second message de l'islam* » de Mahmoud Mohamed Taha, celui qui n'était qu'un rappel des enseignements judéo-chrétiens, contrairement aux appels à la haine et à la violence que Mahomet a fait régner à Médine.

Rappelons que selon l'histoire de l'islam, les *hunafa*, Arabes pieux de la Mecque préislamique, adoraient le Dieu unique, respectaient la paix des mois sacrés, pratiquaient le jeûne, la méditation et les œuvres de bienfaisance[301].

Waraqa bin Nawfal, cousin chrétien de Khadija, avait été un *hanif* avant de devenir chrétien; et Mahomet commença à faire des retraites et à jeûner, à l'imitation des *hunafa* de son entourage, après son mariage.

---

[299] Ali A. Rizvi, *The Atheist Muslim: A Journey from Religion to Reason*, pp 31-37.

[300] *"As for my Pakistani Muslim Friends who accuse me of betraying my heritage and being blindly obsequious to Western imperialism, I say only this: Islam is an Arab religion. Consider that you are a person of South Asian heritage who: Follows an Arab religion; Reads and revere an Arabic holy book; Pray in Arabic; Greet others in Arabic; Reveres and emulates an Arab prophet; and Bows in the direction of Arabia five times a day in prayer. In light of this how can you possibly accuse me of being part of an "imperialist agenda" with a straight face? Western imperialism isn't the only imperialism out there. Read the history of your religion and how it was spread. Consider the Arab-Islamic imperialism of seventh-century Mecca, which spread as far west as Spain and East as India in a matter of decades, and to this day has an intractable chokehold on the lives and minds of over a billion people. From the language that you pray in, to the headscarves worn by your women, to meeting loved ones with Arabic greetings 'As-salam-u-alaikum', to your people showing more solidarity with Palestinians than Kashmiris, to a majority of your people that apostate from this Arab faith must be killed- this foreign ideology has transformed your heritage and history in a way that you can hardly recognize it. How is western imperialism any different? If you oppose Western imperialism but not the Arab-Islamic imperialism of the seventh century, you're not anti-imperialism- you're just anti-West" The Atheist Muslim, Ali. Rizvi, pp 157-158.*

[301] Tor Andrae, *Mohammed, The Man and His Faith*, p109.

Le mois de jeûne du ramadan, durant lequel le Coran a été révélé, faisait partie des traditions de la *jahiliyya* tout comme la prière, le pèlerinage à la Mecque et les actes de charité envers les pauvres.

Le ramadan préislamique *jahili* était pacifique, c'est Mahomet qui y a introduit la violence; les islamistes savent qu'ils doivent intensifier le *jihad* durant le ramadan par fidélité à Mahomet, qui a : suscité l'attaque de Nakhla, obtenu le traité de Hudaybiyyah et conquis la Mecque durant des mois de ramadan.

La charité préislamique pacifique des *hanafa* a également été contaminée par la violence de Mahomet. À l'époque préislamique les actes de bienfaisance baignaient dans la paix des mois sacrés, mais Mahomet a sanctifié le partage du butin avec les musulmans pauvres comme un acte de charité. *(59,7) Le butin provenant [des biens] des habitants des cités, qu'Allah a accordé sans combat à Son Messager, appartient à Allah, au messager, aux proches parents, aux orphelins, aux pauvres et au voyageur en détresse, afin que cela ne circule pas parmi les seuls riches d'entre vous. Prenez ce que le messager vous donne ; et ce qu'il vous interdit, abstenez-vous en ; et craignez Allah car Allah est dur en punition.*

Or qui dit « butin » dit appropriation du bien d'autrui et violence.

L'ignorance de l'importance du *jihad* peut s'expliquer aisément pour des pays comme l'Indonésie dont les habitants, vivant loin de l'Arabie et ne comprenant pas l'arabe, adoptèrent l'islam sans le comprendre. L'islam des habitants de ces îles était un islam local, syncrétique et tolérant.

Les musulmans fondamentalistes savent que cet islam indonésien, qui se limite à une foi en un dieu unique et qui suit plutôt les cinq principes bouddhiste de la *Pancasila* – ne pas tuer, voler, commettre d'adultère, mentir et se droguer – ne ressemble pas à l'islam de Mahomet à Médine. Ils se sont activés durant des décennies pour « purifier » cet islam syncrétique, et pacifique, comme l'a souligné le grand V. S. Naipaul[302], et ils ont réussi à imposer la charia à Aceh.

Dans sa réponse aux ignobles intellectuels qui l'avaient accusé « d'islamophobie », Kamel Daoud a admirablement défendu la liberté de pensée et d'expression des peuples islamisés dont il fait partie. Il a rappelé sa liberté totale d'exprimer son opinion au sujet de ce qu'il vivait depuis toujours en tant qu'Algérien et a affirmé qu'il n'acceptait pas que l'on pense à sa place, au nom d'un dieu ou d'un ancêtre.

---

[302] Naipaul, *Crépuscule sur l'islam*, p. 239.

K. Daoud, qui a écrit « Je ne suis pas islamophobe, je suis libre », a relevé que certaines personnes, qui l'ont soutenu, avaient compris qu'il s'agissait chez lui et chez tous les siens d'un droit de s'élever contre tout ce qui les abaisse au nom d'une croyance[303].

Les individus qui se permettent d'user du terme « islamophobie » pour torpiller toute critique de l'islam sont : soit des islamistes, soit des racistes; et indubitablement sont des ennemis des penseurs libres musulmans qu'ils traitent comme des êtres inférieurs, qui n'ont pas le droit de s'affranchir d'une idéologie qui fut imposée à leurs ancêtres; une idéologie qui prescrit, depuis ses débuts, la mort de ceux qui veulent en briser le carcan.

Les humains se sont entretués depuis la nuit des temps, ils ont imaginé des dieux qui exigeaient des sacrifices humains et même parfois le sacrifice de leurs propres enfants. Il est difficile de ne pas penser à une résurgence des dieux antiques, persécuteurs et avides de sang, lorsque l'on voit des humains en égorger d'autres en criant « *Allah Akbar* ».

L'islam fondamentaliste n'est évidemment pas la seule source de violence. Mais l'islam, qui incite à la haine et au meurtre, encourage les pouvoirs despotiques, violents et totalitaires, ainsi que le passage à l'acte des délinquants qu'il transforme en héros. Comme le communisme et le fascisme, il détruit la jeunesse qu'il incite au meurtre en lui promettant un rôle dans l'édification d'un monde meilleur ici-bas, et le paradis dans l'autre: *(9,111)* Les « *croyants … tuent, et ils se font tuer…* »

La seule guerre digne de notre humanité est la guerre des idées. Il faut affronter les islamistes et les empêcher d'endoctriner les nombreux jeunes en quête d'un idéal et qui veulent donner un sens à leur vie. Ces jeunes influençables, sont des proies faciles pour les recruteurs qui leur promettent le paradis au bout de la terreur, leur enseignent que Mahomet est le dernier prophète, venu restaurer et compléter les enseignements de Jésus (qui serait un prophète musulman), et leur font miroiter la société idéale fondée par Mahomet à Médine, – en justifiant et sanctifiant les guerres, pillages, assassinats, tortures, massacres, réductions en esclavage au nom d'Allah–.

La doxa islamiste n'est nulle part officiellement réfutée, elle s'infiltre dans tous les pays avec le voile des femmes. Les vrais réformateurs musulmans, qui osent dénoncer les problèmes éducatifs, endogènes, des sociétés où ils sont nés, risquent leur vie. Cependant, en dépit des risques

---

[303] courrierinternational.com/article/debat-kamel-daoud-je-ne-suis-pas-islamophobe-je-suis-libre

encourus, des musulmans courageux résistent au fondamentalisme islamique; ils se révoltent contre la *charia* et défendent leur droit de choisir les valeurs qui doivent orienter leurs vies.

En Iran, malgré les innombrables atteintes aux droits humains, dont des attaques à l'acide contre les femmes qui ne portent correctement pas leur hijab, des iraniennes osent retirer leur voile. Les soudanais réclament le départ du dictateur O. Béchir aux cris de « liberté » et « révolution » et non d'*Allah Akbar*, ils ne veulent plus de la *charia*. Les tunisiennes, soutenues par les réformes imposées par H. Bourguiba, combattent la *charia* et ont obtenu le droit d'épouser des non-musulmans.

Le respect des libertés et l'État de droit semblent encore hors de portée en terre d'islam; mais un frémissement est observable, même en Arabie. Aux Émirats Arabes Unis, où les travailleurs non-musulmans permettent aux petits États riches de l'argent du pétrole de fonctionner et contribuent à entretenir une florissante diversité culturelle et religieuse, des églises réapparaissent, après leur bannissement il y a près de XV siècles, mais ces églises doivent rester discrètes pour ne pas heurter les musulmans.

L'Arabie Saoudite, après avoir propagé son wahhabisme et nourri les islamistes qui ensanglantent actuellement tant de pays, particulièrement en Afrique et en Asie, tente également d'évoluer socialement et économiquement en s'éloignant du fondamentalisme islamique.

Le roi Abdallah (1924-2015) a manifesté une volonté d'ouverture en rendant visite au pape Benoît XVI et en fondant la *KAUST*, université saoudienne où des jeunes de tous les pays, dont des étudiantes non voilées, peuvent étudier ensemble comme dans toute université normale.

Un pas a été franchi vers la reconnaissance du patrimoine culturel préislamique arabe lorsque le prince Sultan ben Salman, prince cosmonaute et frère de l'actuel prince héritier M. Ben Salman, a obtenu en 2013 que la *fatwa* maudissant les sites archéologiques préislamiques « *jahilis* » soit levée ; le prince héritier M. Ben Salman veut désormais faire de ces richesses civilisationnelles préislamiques des centres de renaissance économique et sociale d'un royaume saoudien ouvert aux cultures non-musulmanes.

Le royaume s'est mis à l'heure du calendrier chrétien en 2016, et en 2018 l'interdiction de conduire pour les femmes a été levée; mais le pouvoir en Arabie est toujours despotique, la vie humaine n'y a toujours pas de valeur, on y coupe toujours des têtes et l'athée y risque toujours la sienne, les églises y sont toujours interdites et les femmes ne peuvent conduire sans un « gardien ».

L'activisme des musulmans fondamentalistes, qui s'opposent à toute réforme de la *charia*, menace toujours tout espoir de voir les peuples du Moyen-Orient jouir de leurs droits humains. Il faut se souvenir que jadis les Mutazilites ont été vaincus par les islamistes. Le shah afghan, Amanullah Khan, a été contraint à l'exil, en 1929, par des islamistes qui s'opposaient à l'émancipation des femmes; et toutes les réformes du chah M. Reza Pahlavi, en faveur des femmes et des libertés, ont été annulées par le totalitarisme sanguinaire du *Velayat e faqih* de Khomeiny.

Pour que la terreur islamique n'entraîne pas une contagion de la violence, il faut un large mouvement de soutien aux réformes réclamées par les penseurs libres musulmans. Il faut soutenir l'ouverture des musulmans à leurs cultures préislamiques et aux cultures non-musulmanes, et surtout exiger la révision des enseignements islamiques qui sont contraires à la dignité et aux droits humains.

Le souci de la paix ne doit jamais faire oublier que le dialogue peut être une arme entre les mains des islamistes, qui falsifient la vérité pour endormir la méfiance de leurs victimes. Les musulmans qui se prétendent réformateurs et modérés mais préfèrent noyer le poisson en minimisant l'impact des enseignements islamiques, et en évoquant des problèmes psychologiques, sociaux et identitaires pour expliquer la dérive des jihadistes, nourrissent en fait les racines de la terreur.

Les exemples de manipulations par des islamistes, qui se prétendent modérés, abondent. Il faut garder en mémoire les plus courants.

Les musulmans dits modérés ne le sont pas, lorsqu'ils voient dans le verset (4,3) un désaveu de la polygamie mais ne veulent pas voir que ce verset sanctifie l'esclavage sexuel mis en œuvre par l'État Islamique, Boko Haram, les Shabab et autres terroristes musulmans … *(4, 3) Il est permis d'épouser deux, trois ou quatre, parmi les femmes qui vous plaisent, mais, si vous craignez de n'être pas justes avec celles-ci, alors une seule, ou des esclaves que vous possédez. Cela, afin de ne pas faire d'injustice …*

Les musulmans dits modérés sont des islamistes lorsqu'ils défendent le « droit des femmes » de porter le voile en escamotant le fait que tant de femmes sont persécutées et assassinées si elles ne le portent pas. Le voile est un drapeau de l'islam fondamentaliste, pour lequel la femme est un objet sexuel – que les musulmans ne doivent pas attaquer si elle se soumet au port du voile, mais qui est attaquable si elle est non voilée !

Le voile chosifie la femme et nie sa dignité humaine intrinsèque et inaliénable.

(33,59) Ô Prophète ! Dis à tes épouses, à tes filles, et aux femmes des croyants, de ramener sur elles leurs grands voiles : elles en seront plus vite reconnues et éviteront d'être molestées (fa-la You'zeayna)...

La menace coranique de violence contre les femmes non-voilées est intolérable. Sachant que le viol est une forme très commune d'abus que subissent les femmes, et à la lumière du verset (4,3) qui sanctifie l'esclavage sexuel, il faut conclure que les personnes qui soutiennent le port du voile islamique – pour que les femmes ne soient pas molestées – cautionnent donc le harcèlement (viol, esclavage sexuel) des femmes non voilées – tant musulmanes que non-musulmanes évidemment.

Les musulmans dits modérés sont des islamistes lorsqu'ils affirment que l'islam a libéré les femmes, alors que la *Sirâ*, le Coran et l'Histoire témoignent du contraire. *(33,33) Restez dans vos foyers ; et ne vous exhibez pas à la manière des femmes d'avant l'Islam (d'avant l'hégire, de la jahiliyya)...*

Les musulmans dits modérés sont des islamistes lorsqu'ils s'obstinent à dire que l'islam est une religion de paix ; car nombre de versets médinois, et l'Histoire, témoignent de l'abrogation de la paix à la fin de l'ère préislamique mecquoise.

(47,35) Ne soyez pas faibles et n'appelez pas à la paix alors que vous êtes les plus forts et qu'Allah est avec vous. Il ne vous frustrera jamais [du bénéfice] de vos œuvres.

(8,39) Et combattez-les jusqu'à ce qu'il ne subsiste plus d'association, et que la religion soit entièrement à Allah. Puis, s'ils cessent, ils seront pardonnés ...

(9,111) Certes, Allah a acheté des croyants, leurs personnes et leurs biens en échange du Paradis. Ils combattent dans le sentier d'Allah : ils tuent, et ils se font tuer. C'est une promesse authentique qu'Il a prise sur Lui-même dans la Thora, l'Evangile et le Coran.

(9,29) Combattez ceux qui ne croient ni en Allah ni au Jour dernier, qui n'interdisent pas ce qu'Allah et Son messager ont interdit et qui ne professent pas la religion de la vérité, parmi ceux qui ont reçu le Livre, jusqu'à ce qu'ils versent la capitation par leurs propres mains, après s'être humiliés.

(2,216) : Le combat vous a été prescrit alors qu'il vous est désagréable. Or, il se peut que vous ayez de l'aversion pour une chose alors qu'elle vous est un bien. Et il se peut que vous aimiez une chose alors qu'elle vous est mauvaise...

Les faux modérés, mais vrais islamistes, citent souvent le verset (5,32) tronqué, en cachant qu'il concerne les juifs « *quiconque tuerait une personne non coupable d'un meurtre c'est comme s'il avait tué tous les hommes, et quiconque sauvait une vie, c'est comme s'il sauvait la vie de tous les hommes* », et ignorent le verset *(5,33)* qui leur ordonne de tuer pour Mahomet.

(5,32) C'est pourquoi Nous avons prescrit aux Enfants d'Israël que quiconque tuerait une personne non coupable d'un meurtre c'est comme s'il avait tué tous les hommes. Et quiconque sauvait une vie, c'est comme s'il sauvait la vie de tous les hommes (…)
(5,33) La récompense de ceux qui font la guerre contre Allah et Son messager, et qui s'efforcent de semer la corruption sur la terre, c'est qu'ils soient tués, ou crucifiés, ou que soient coupées leur main et leur jambe opposées, ou qu'ils soient expulsés du pays. Ce sera pour eux l'ignominie ici-bas ; et dans l'au-delà, il y aura pour eux un énorme châtiment,

Les islamistes se servent, comme les marxistes, d'idiots utiles qui volent à leur secours en toutes occasions avec des accusations d'islamophobie.

Le terrorisme et la violence ne peuvent que s'étendre tant que les musulmans fondamentalistes réussissent à propager leurs idées létales en se posant en victimes et en profitant du droit à la liberté religieuse pour faire avancer leur projet politique totalitaire.

Pour éviter une spirale de violence contagieuse, protéger en Asie et en Afrique les peuples qui aspirent à jouir des droits humains dans des sociétés démocratiques, et protéger ces droits dans les sociétés occidentales, il faut consulter et soutenir sans faillir les musulmans et musulmanes qui prennent des risques, subissent des accusations d'islamophobie et de racisme ainsi que des menaces de mort, parce qu'ils/elles choisissent de défendre la fraternité humaine. Toute concession aux islamistes contribue à la phagocytose, et la destruction, des sociétés et cultures envahies.

Les sociétés démocratiques, respectueuses des droits humains, ne peuvent survivre sans l'éducation de la jeunesse aux valeurs spirituelles et morales sur lesquelles elles sont fondées et qui leur ont permis de résister aux totalitarismes, fasciste et communiste.

Hannah Arendt a relevé que les idéologies totalitaires inversent le commandement biblique « Tu ne tueras point » en « Tu tueras »[304]. La résistance au totalitarisme islamique est urgente, pour sauver la paix et la fraternité humaine.

---

[304] *Trois femmes dans de sombres temps*, p 194.

BIBLIOGRAPHIE

-Jean-Mohammed ABD-El-JALIL, O.F.M., *L'Islam et nous,* éd. du Cerf, Paris, 1981.

-Hamed ABDEL-SAMAD, *Islamic Fascism*, Prometheus Books, 2016.

-Ali ABDERRAZIQ, *L'islam et les fondements du pouvoir,* La Découverte, Paris , 1994.

-Imam Faisal ABDUL RAUF, What's Right with Islam, HarperCollins, New York, 2004

-Nasr ABOU ZEID, *Critique du discours religieux,* Traduit de l'arabe par Mohamed Chairet, Sindbad, Actes Sud, Paris, 1999.

-As`ad AbuKhalil, *The Battle for Saudi Arabia: Royalty, Fundamentalism, and Global Power,* Seven Stories Press, 2004.

-Sami Awad Aldeeb ABU-SAHLIEH, *Les musulmans en Occident entre droits et devoirs,* L'Harmattan, Paris, 2002.

-Leila.AHMED, *Women and gender in Islam,* Yale University Press, New Haven, 1992.

-M. J. AKBAR, *The Shade of the Swords,* Routledge, London, 2002.

-AL-BIRUNI, *The Remaining Signs of Past Centuries* translated and edited by Dr. C. Edward Sachau, London, W. S. Allen & CO, 1879.

-Charles ALLEN, *God's Terrorists,* Da Capo Press, Cambridge, Mass, 2006.

-Tor ANDRAE, *Mohammed. The Man and His Faith,* Dovers publications, Mineola, NY, 2000.

-Arthur J. ARBERRY, *The Koran interpreted,* Oxford University Press, Oxford, UK, 1983.

-Rachel ARIÉ, Aspects *de l'Espagne musulmane, histoire et culture,* De Boccard, Paris, 1997.

-Mohammed ARKOUN, *Ouvertures sur* l'islam, Jacques Grancher, Paris, 1989.

-Karen ARMSTRONG, *Islam: a short history,* Thorndike Press, Waterville, Maine, 2002.

-Robert L. ARRINGTON, *A Companion to the Philosophers,* Blackwell, Oxford, 2001.

-Wahib ATALLAH, *Ibn Hicham : La biographie du prophète Mahomet,* Fayard, Paris, 2004.

-AVERROES (author), <u>Charles E. Butterworth</u> (translator), *Decisive Treatise and Epistle Dedicatory.* - Islamic Translation Series, Brigham Young University, Chicago, 2001.

-Joseph AZZI, *Le prêtre et le Prophète, Aux sources du Coran*, Maisonneuve et Larose, Paris, 2001.

-Lewis V. BALDWIN & Amiri Yasin AL-HADID, *Between Cross and Crescent, Christian and Muslim Perspectives on Malcolm and Martin.* Gainesville, FL, University Press of Florida. 2002.

-Jean-Claude BARREAU, *De l'Islam en général et du monde moderne en particulier*, Le Pré aux Clercs, Paris, 1991.

-Bruce BAWER, *While Europe slept.* New York, NY, Doubleday, 2006.

-BEDE, Translated by J.E. King. *Bede historical* works, Volume I. Cambridge, Loeb Classical Library, 1994.

-Ghaleb BENCHEIKH, *Alors c'est quoi l'Islam ?* Paris, Presses de la Renaissance, 2001.

-BENEDICT XVI, *Many religions, one covenant: Israel, the Church, and the World*, San Francisco, Ignatius Press, 1999.

-BENEDICT XVI, *Truth and Tolerance*, San Francisco, Ignatius Press, 2004.

-BENEDICT XVI, *Christianity and the crisis of cultures*, San Francisco, Ignatius Press, 2006.

-Peter L. BERGE, *Holy War, Inc: Inside the secret world of Osama, bin Laden*, Waterville, Maine: G. K. Hall &Co. 2001.

-Benazir BHUTTO, *Reconciliation: Islam, Democracy, and the West*, New York, HarperCollins, 2008.

-Mohammed-Christophe BIBB, *Un algérien pas très catholique*, Paris, Cerf, 2009.

-Robert BIRELEY, *The Counter-Reformation Prince*, Chapel Hill, The University of North Carolina Press, 1990.

-Abdennour BIDAR, *Un Islam pour notre temps*, Paris, éd. du Seuil, 2004.

-M. BORRMANS, *Orientation pour un dialogue entre chrétiens et musulmans*, Paris, Cerf, 1984.

-Andrew G. BOSTOM, *The legacy of Jihad: Islamic Holy war and the fate of Non-Muslims*, Amherst, NY, Prometheus Books, 2005.

-Roger BOTTE, Esclavages et abolitions en terres d'islam, Bruxelles, André Versaille, 2010,

-A. BRISAUD, *Islam et Chrétienté : Treize siècles de cohabitation*, Paris, Laffont, 1991.

-Sahih BUKHARI, on line, https://d1.islamhouse.com/data/en/ih_books/single/en_Sahih_Al-Bukhari.pdf.

-Ergun Mehmet CANER & Emir Fethi CANER, *Christian Jihad : Two Former Muslims Look At The Crusades And Killing In The Name Of Christ*, Grand Rapids, MI, Kregel Publications, 2004.

-Thomas CAHILL, *How the Irish saved civilization. The Untold Story of Ireland's Heroic Role from the Fall of Rome to the Rise of Medieval Europe*, New York, NY, G.K.HALL & Co. 1998.

-Christian CANNUYER, *L'Egypte copte : les chrétiens du Nil*, Paris, Gallimard, Institut du Monde arabe, 2000.

-Olivier CARRÉ, *L'islam laïque ou le retour à la Grande Tradition*, Paris, éd. Armand Colin 1993.

-Olivier CARRÉ, *Mystique et Politique, le Coran des islamistes. Commentaire coranique de Sayyid Qutb (1906-1966)*, Paris, CERF, 2004.

-Jacqueline CHABBI, *Le Seigneur Des Tribus. L'Islam De Mahomet*, Paris, Noêsis 1997.

-Malek CHEBEL, *L'esclavage en terre d'islam : un tabou bien gardé*, Paris, Fayard, 2008.

-Amy CHUA, Day *of Empire: How Hyper powers Rise to Global Dominance and Why They Fall*, New York, NY: 2007.

-Michel CLÉVENOT, *La chrétienté à l'heure de Mahomet*, Paris, Nathan, 1983.

-Paul COLES, *The ottoman impact on Europe*, New York, NY, Harcourt, Brace & World, 1968.

-Roger COLLINS, *Early Medieval Europe 300-1000*, New York, NY, Palgrave, 1999.

-Olivia Remie CONSTABLE, *Medieval Iberia: Readings from Christian, Muslim, and Jewish Sources*, Philadephia, University of Pennsylvania Press, 1997.

-Henry CORBIN, *History of Islamic Philosophy*, Kegan Paul International, 1993.

-Sylvie COURTINE-DENAMY, *Trois femmes dans de sombres temps*, Paris : Albin Michel 2002.

-Patricia CRONE & Michael COOK, *Hagarism: The making of the Islamic World*, Cambridge, Cambridge University Press, 1977.

-Joseph CUOQ, *L'Église d'Afrique du Nord du IIe au XIIe siècle*, Paris, Le centurion, 1984.

-Nonie DARWISH, *Now They Call Me Infidel.* New York, Sentinel, 2006.

-Ali DASHTI, *Twenty Three Years: A Study of the Prophetic Career of Mohammed*, (Translated from Persian by F.R.C. Bagley). London, George Allen and Unwin, 1985

-Lawrence DAVIDSON, *Islamic Fundamentalism*, Westport, CT, Greenwood Press, 1998.

-Assia DJEBAR, *Loin de Médine,* Paris : Albin Michel, 1991.

-Dinesh. D'Souza, *The Enemy at Home.* New York, NY, Doubleday, 2007

-Charles-Emmanuel DUFOURCQ, *La vie quotidienne dans l'Europe Médiévale sous domination* Arabe, Paris, Hachette, 1978.

-Avery Cardinal DULLES, *A History of Apologetics,* San Francisco, Ignatius Press, 2005.

-Will DURANT, *Caesar and Christ,* New York, New York, NY, Simon and Schuster, 1983.

-Anne-Marie EDDÉ, *Saladin.* Paris, Flammarion, 2008.

-Josy EISENBERG, *Histoire moderne du peuple juif : D'Abraham à Rabin,* Paris, Ed Stock, 1997.

-Jacques ELLUL, *Islam et judéo-christianisme,* Paris, Presses Universitaires de France, 2004.

-El SAADAWI, Nawal. *A daughter of Isis,* New York, NY, Zed Books 1999.

-Steven EMERSON, American *jihad: the terrorists living amongst us,* New York, NY, The Free Press 2002.

-Oriana FALLACI, *The force of reason,* New York, NY, Rizzoli International 2006.

-Antoine FATTAL, *Le statut légal des Non-musulmans en Pays d'Islam.* Beyrouth, Imprimerie Catholique, 1958.

-Dario FERNANDEZ-MORERA, *The Myth of the Andalusian Paradise*, ISI Press, 2016.

-Israel FINKELSTEIN & Neil Asher SILBERMAN, *The Bible Unearthed: Archaeology's New Vision of Ancient Israel and the Origin of Its Sacred Texts,* New York, NY, The Free Press, 2001.

-Reuven FIRESTONE, *Jihad: The Origin of Holy War in Islam,* New York, NY, Oxford University Press. 1999.

-Richard FLETCHER, *The Cross and the Crescent: Christianity and Islam from Muhammad to the Reformation,* New York, NY, Viking Adult, 2004.

-Richard FLETCHER, *The barbarian conversion: From Paganism to Christianity,* New York, NY, Henry Holt and Company, 1997

-Paul FREGOSI, *Jihad in the West: Muslim Conquests from the 7th to the 21st Centuries,* Amherst, New York, Prometheus Book, 1998.

-Paul FREGOSI, *Dreams of Empire: Napoleon and the first world war 1792-1815,* Secaucus, NJ, First Carol Publishing Group Edition 1990.

-Thomas L. FRIEDMAN, *The World Is Flat. A Brief History of the Twenty-first Century*, New York, NY: Farrar, Straus and Giroux, 2005.

-Edouard-Marie GALLEZ, *Le messie et son prophète : Aux origines de l'islam tome 1, De Qumrân à Muhammad*, Paris, Editions de Paris, 2005.

-Edouard-Marie GALLEZ, *Le messie et son prophète : Aux origines de l'islam, tome 2, Du Muhammad des Califes au Muhammad de l'histoire*, Paris, Editions de Paris, 2005.

-Hugh. GODDARD, *A History of Christian-Muslim Relations*, Chicago, New Amsterdam Books, 2000.

-Sylvain GOUGUENHEIM, *Aristote au Mont-Saint-Michel. Les racines grecques de l'Europe chrétienne*, Paris, Seuil 2008.

-H. GRAETZ, *History of the Jews, Volume III From the Revolt against the Zendik (511 C.E.) to the Capture of St. Jean d'Acreby by the Mahometans (1291 C.E.)*, Illinois, Varda Books, 2002.

-Pierre GUICHARD, *Al-Andalus : 711-1492. Une histoire de l'Espagne musulmane*, Hachette Littératures, 2000

-A. GUILLAUME, *The life of Muhammad, a translation of Ishaq's Sirat Rasul Allah*, Oxford, Oxford University Press.

-Jean-Claude GUILLEBAUD, *Sur la route des Croisades*, Paris, Arléa, Diffusion Seuil, 1993.

-Yvonne Yazbeck HADDAD, and Wadi Zaidan HADDAD, *Christian-Muslim encounters*, Gainesvill, University Press of Florida, 1995.

-Thorkild HANSEN, *Arabia Felix: The Danish expedition of 1761-1767*, Translation James and Kathleen Mcfarlane, New York, Harper & Row, 1964.

-Mosab HASSAN YOUSSEF, *Son of Hamas*, Tyndale, 2010.

-G.R. HAWTING, *The first Dynasty of Islam*, London: Routlege, 2000.

-Jacques HEERS, *La Première Croisade. Libérer Jérusalem, 1095-1107*, Paris, Perrin, 1995.

-Jacques HEERS, Les *négriers en terre d'islam : La première traite des noirs, VIIe-XVIe siècle*, Paris, Perrin, 2008.

-Ayaan HIRSI ALI, *The Caged Virgin*, New York, NY, Free Press, 2006.

-Ayaan HIRSI ALI, *"Infidel"*, New York, Free Press, 2007.

-Christopher HITCHINS, *Thomas Jefferson: Author of America*, Waterville, Me, Thorndike Press, 2005.

-Philip K. HITTI, *History of the Arabs*, Tenth Edition, London, The Macmillan Press LTD. 1970.

-Albert HOURANI, *Islam in European thought*, Cambridge, Cambridge University Press, 1991

-Waleed Al-Husseini, *Blasphémateur! Les prisons d'Allah*, trad. C. Freiha, Paris, Grasset, 2015,

-Taha HUSSEIN, Au-*delà du Nil*, présentation de Jacques Berque. Paris, Gallimard, 1977.

-Robert IRWIN, *Dangerous Knowledge: Orientalism and Its Discontents*, New York, NY, The Overlookpress, 2006.

-Walter ISAACSON, *Einstein. His Life and Universe*, New York, Simon & Schuster, 2007.

-James Turner JOHNSON, *The holy war idea in western and Islamic traditions*, Pennsylvania, The Pennsylvania State University Press, 1997.

-Charles-André JULIEN, *Histoire de l'Afrique du Nord*, *Paris*, Payot, 1994.

-Henry KAMEN, *The Spanish inquisition: A Historical Revision*, London, Weidenfeld & Nicolson, 1997.

-Henry KAMEN, *Empire: how Spain became a world power 1492-1763*, New York, NY, Harper Collins, 2003.

-Badru D KATEREGGA & David W SHENK, *A Muslim and a Christian in dialogue*, Scottsdale, PA, Herald Press, 1997.

-Nikki R. KEDDIE, *Modern Iran roots and results of revolution*. Yale University Press, 2006.

-Elie KEDOURIE, *Afghani and 'Abduh: An Essay on Religious Unbelief and Political Activism in Modern Islam*, London, Frank Cass, 1966.

-Gilles KEPEL, *Al-Qaida dans le Texte*, Paris, PUF Proche-Orient. 2005.

-Malcom H. KERR, Islamic Reform: *The political and legal theories of Muhammad Abduh and Rachid Rida*, Berkeley: University of California Press, 1966.

-Ibn KHALDOUN, *Les prolégomènes, Deuxième partie* (1863), Trad. William Mac Guckin, Baron De SLANE, Librairie orientaliste Paul Geuthner, 1936

-Hans KÜNG, *Great Christian Thinkers*, New York, NY, Continuum, 2000.

-Judy KURIANSKY, *Terror in the Holy Land*, Westport, CT, Praeger, 2006.

-K. S. LAL, *The legacy of Muslim Rule in* India, New Delhi, Aditya Prakashan, 1992.

-K. S. LAL, *Muslim Slave System in Medieval* India, New Delhi, South Asia Books, 1994.

-P.H. LAMMENS, *La Mecque à la Veille de l'Hégire*, Beyrouth, Imp. catholique, 1924

-H. LAMMENS, *L'Arabie occidentale avant l'Hégire*, Beyrouth, Imp. Catholique, 1928.

-H. LAMMENS, *L'Islam, croyances et* institutions, Beyrouth, Imp. Catholique, 1943.

-Béatrice LEROY, *Les Menir : Une famille Sépharade à travers les siècles (XII° - XX° siècle)*, Biarritz, Atlantica, 2001.

-E. LÉVI PROVENÇAL, *L'Espagne musulmane au Xe siècle*, Paris, Maisonneuve & Larose, 1932.

-Bernard Lewis, *Cultures in Conflict: Christians, Muslims, and Jews in the Age of Discovery*, New York, Oxford University Press, 1995.

-Bernard Lewis, *The Arabs in History*, Oxford, Oxford University Press, 1993.

-Brenda Ralph LEWIS, *Ritual Sacrifice: Blood and Redemption*, London GBR, Sutton Publishing, 2007.

-Ramsay MACMULLEN, *Christianizing the Roman Empire. AD 100-400*, New Haven, Yale University Press, 1984.

-Thomas F. MADDEN, *Crusades: the illustrated history*, London, Duncan Baird Publishers, 2004.

-Irshad MANJI, *The trouble with Islam*, New York, NY, St Martin's Press, 2003.

-Abdelwahab MEDDEB, *Sortir de la malédiction : L'islam entre civilisation et barbarie*, Paris, Seuil, 2008.

-Fatima MERNISSI, *Beyond the* veil, London, First Midland Book, 1987.

-Fatima MERNISSI, *Islam and Democracy: Fear of the Modern World.* Cambridge, MA, Perseus Publishing, 1992.

-Guyonne de MONTJOU, *Mar Moussa, Un monastère, un homme, un* désert, Paris, Albin Michel, 2006.

-Kathleen M. MOORE, *Al-Mughtaribun:American law and the transformation of Muslim life in the United States*, New York, State University of New York Press, 1995.

-V.S NAIPAUL, *Crépuscule sur l'Islam : voyage au pays des croyants*, trad. de l'anglais par Natalie Zimmermann et Louis Murail. Paris, Albin Michel, 1981.

-Vali NASR, *The Shia Revival: How Conflicts within Islam Will Shape the Future*, New York, NY: W.W. Norton & Company, 2006.

-Taslima NASREEN, *Lajja*, Paris, Nouveau Cabinet Cosmopolite, Stock, 1994.

-Taslima NASREEN, *Shame: A novel*, Amherst, N Y, Prometheus books, 1997.

-Tidiane N'DIAYE, *Le Génocide voilé : Enquête historique,* Paris, Continents noirs, Gallimard, 2008.

-Jacob NEUSNER, *Religious Foundations of Western Civilization: Judaism, Christianity, and Islam,* Nashville, TN, Abingdon Press, 2006

-Carsten NIEBHUR, *Voyage de M. Niebuhr en Arabie* et en autres *pays de l'Orient. Avec l'extrait de sa description de l'Arabie & des observations* de *Mr. Forskal,* Berne, Suisse, Chez les Libraires Associés, 1780.

-Mary Pope OSBORNE, *One World, Many Religions*, New York, NY, Alfred A. Knopf, 1996.

-Anthony PAGDEN, *Spanish Imperialism and the Political Imagination: Studies in European   and Spanish-American Social and Political Theory 1513–1830*, New Haven and London, Yale University Press, 1990.

-Anthony PAGDEN, *Peoples and Empires: A Short History of European Migration, Exploration, and Conquest, from Greece to the Present*, New York, The Modern Library, 2003.

-Robert A. PAPE, *Dying to win: The strategic logic of suicide terrorism*, New York, NY, Random house, 2005.

-Blaise PASCAL, *Pensées,* France, Grands Ecrivains, 1986.

-J-P PÉRONCEL-HUGOZ, *Le radeau de* Mahomet, Paris, Lieu Commun 1983.

-Pierre PERRIER & Xavier WALTER, *Thomas fonde l'Église en Chine : 65-68 AP. J.-C*, Paris, Ed du Jubilé, 2008.

-Rudolph PETERS, *Jihad in Classical and Modern Islam*, Princeton, N J, Markus Wiener, 1996.

-Rudolph PETERS, *Crime and punishment in Islamic law*, Cambridge, Cambridge University Press, 2005.

-Jonathan PHILIPS, *The Fourth Crusade and the sack of Constantinople*, New York, Penguin Books, 2005.

-Xavier De PLANHOL, *Les fondements géographiques de l'histoire de l'islam,* Paris,   Flammarion, 1968.

-A-L. De PREMARE, *Les fondations de l'Islam : Entre écriture et histoire*, Paris, Seuil, 2002

-Fazlur RAHMAN, Islam, Chicago, University of Chicago Press, Second Edition, 1979.

-Tariq RAMADAN, *Aux sources du renouveau musulmans : d'al-Afghānī à Ḥassan al-Bannā un siècle de réformisme islamique*. Paris: Bayard Éditions/Centurion, 1998.

-Tariq RAMADAN, *Western Muslims and the Future of Islam*. Oxford and New York, Oxford University Press, 2004.

-Tariq RAMADAN, *Muhammad vie du prophète : les enseignements spirituels et contemporains*. Paris: Presses du Châtelet, 2006.

-Tariq RAMADAN, *Mon intime conviction*, Paris, Presses du Châtelet, 2009.

-Ahmed RASHID, *Taliban: Militant Islam, Oil and Fundamentalism in Central Asia*, Waterville, ME: Thorndike Press. 2002.

-Ahmed RASHID, *Jihad: The Rise of militant Islam in Central Asia*, New York, NY, Penguin books, 2003.

-James RESTON Jr, *The Last Apocalypse: Europe at the Year 1000 A.D*, New York, Doubleday, 1998.

-Andrew RIPPIN, *Muslims. Their Religious Beliefs and* Practices, New York, NY, Routledge. Third Edition, 2005.

-Andrew RIPPIN & Jan KNAPPERT, *Textual sources for the study of* Islam, Chicago, The University of Chicago Press, 1990.

-Saiyid Athar Abbas RIZVI, *Shah Wali-Allah and His Time*, Canberra, Australia, Ma'rifat Publishing House, 1980.

-Ali A. RIZVI, *The Atheist Muslim: A Journey from Religion to Reason*, 2016.

-Malise RUTHVEN, *The divine* supermarket, New York, NY, William Morrow and Company, 1989.

-Nawal El SAADAWI, *A Daughter of Isis: An Autobiography of Nawal El Saadawi*, London and New York, Zed Books, 1999.

-Mahmoud SADRI and Ahmad SADRI, *Reason, Freedom, and Democracy in Islam: Essential Writings of Abdolkarim Soroush*, New York, Oxford University Press, 2000.

-Nadav SAFRAN, Egypt *in Search of a Political Community*, Cambridge, Mass, Harvard University Press, 1961.

-Marc SAGEMAN, *Understanding terror networks*. Philadelphia, Pennsylvania: University of Pennsylvania Press, 2004.

-Edward W. SAID, *Culture and Imperialism*, New York, NY, Alfred A. Knopf, 1993.

-Edward W. SAID, *Covering Islam*. New York, NY, First Vintage Books Edition, 1997.

-Kamal SALIBI, *A History of* Arabia, New York, NY, Caravan 1980.

-Kamal SALIBI, *The Bible came from* Arabia, New York, Random House, 1987.
-Joseph SCHACHT, *The origins of Muhammadan jurisprudence*, Oxford, Oxford University Press, 1950.
-Joseph SCHACHT & C. E. BOSWORTH, *The legacy of Islam*, Oxford, Oxford University Press, 1974.
-Alvin J. SCHMIDT, *The Menace of Multiculturalism Trojan Horse in America.* Westport, CT, Praeger, 1997.
-T. P. SCHWARTZ-BARCOTT, *War, Terror & Peace in the Qur'an and in Islam: Insights for Military and Government Leaders.* Carlisle, Pa, Army War College Foundation Press, 2004.
-Mondher SFAR, *Le Coran est-il authentique?* Paris, Ed Sfar, 2000.
-William SHIRRER, *The rise and fall of the Third Reich.* New York, Simon and Schuster, 1960.
-Anis A. SHORROSH, *Islam Revealed: A Christian Arab's View of Islam,* Nashville, Thomas Nelson, 1988.
-Adam SMITH, *The Wealth of Nations.* New York, NY, The Modern Library, 1994.
-Robert SPENCER, *Stealth jihad: how radical Islam is subverting America without guns or bombs.* Washington DC, Regnery, 2008.
-Rodney STARCK, *One true God: Historical Consequences of Monotheism,* Princeton, Princeton University Press, 2001.
-Rodney STARCK, *For the glory of God: how monotheism led to reformations, science, witch-hunts, and the end of* slavery, Princeton, Princeton University Press, 2003.
-Rodney STARCK, *The Victory of Reason: How Christianity Led to Freedom, Capitalism, and Western Success,* New York, NY, Random House, 2005.
-Salah STÉTIÉ, *Mahomet,* Paris, Pygmalion, Gerard Watelet, 2000.
-R.W. SOUTHERN, *Western society and the Church in the Middle Ages.* London, Penguin Books, 1990.
-Wafa SULTAN, *A god who hates the courageous woman who inflamed the Muslim world speaks out against the evils of Islam,* New York: St. Martin's Press, 2009.
-Mahmoud Mohamed TAHA, *Un Islam à vocation libératrice,* Traduit par - Mohamed El Baroudi-Hadaoui et Caroline Pailhe, Paris, L'Harmattan, 2002.
-Henry O. THOMPSON, *World Religions in War and Peace,* Jefferson, McFarland & Company, Inc, 1988.

-Yaroslav TROFIMOV, *Faith at war: A Journey on the Frontlines of Islam, from Baghdad to Timbuktu,* New York, NY, Henry Holt and Company, 2005.

-Dominique URVOY, *Les Penseurs Libres De L'Islam Classique : L'Interrogation Sur La Religion Chez Les Penseurs Arabes Indépendants,* Paris, Flammarion, 2003.

-Dominique URVOY, Averroès : *Les ambitions d'un intellectuel musulman,* Paris, Flammarion, coll. «Champs biographie», 1998 (réimpr. 2008)

-A.E. VACALOPOULOS, *Origins of the Greek Nation: The Byzantine Period,* New Brunswick, New Jersey, Rutgers University Press, 1970.

-Maurice VALLERY-RADOT, *L'Église des premiers siècles,* Paris, Perrin, 1999.

-C-F. VOLNEY, *Voyage en Égypte et en Syrie,* Paris, Mouton, 1959.

-Emile WANTY, *L'art de la guerre de l'antiquité chinoise aux guerres napoléoniennes,* Verviers, Belgique : Gérard& Co, 1967.

-Emmanuel de WARESQUIEL, *Talleyrand, le prince immobile,* Paris, Fayard 2003.

-Ibn WARRAQ, *The quest for the historical Muhammad,* Amherst, NY, Prometheus Books. 2000.

-Ibn WARRAQ, *What the Koran really says,* Amherst, NY, Prometheus Books 2002.

-W. M. WATT, *Mahomet,* Paris, Payot, 1962.

-Watt, William Montgomery WATT, *A short history of Islam,* London, Oneworld Publications. 1996.

-WANSBROUGH, John. *Quranic Studies,* Amherst, NY, Prometheus Books, 2004.

-Colin WELLS, *The complete idiot's guide to understanding Saudi Arabia,* New York, NY, Alpha, 2003.

-Colin WELLS, *Sailing from Byzantium: How a Lost Empire Changed the World,* New York, NY, Delacorte Press, 2006,

-Diana WEST, *The Death of the Grown-up: How America's Arrested Development Is Bringing Down Western Civilization.* New York, NY, St. Martin's Press, 2007.

-Lawrence WRIGHT, *The looming tower, Al-Qaeda and the road to 9/11,* New York, NY, Alfred A. Knopf 2006.

-Abdallah YASIN, *Islamicizing America,* Nashville, Tenn, James C. Winston Pub. Co, 1996.

-Bat YE'OR, *Juifs et Chrétiens sous l'Islam face au danger intégriste.* Paris, Berg International Editeur, 2005.

-Bat YE'OR, *Les chrétientés d'Orient entre jihâd et dhimmitude : VIIe-XXe siècle*, Paris, Éditions du Cerf, collection « L'histoire à vif », 1991.

-Mosab Hassan YOUSSEF with Ron BRACKIN, *Son of Hamas: A gripping account of terror, betrayal, political intrigue, and unthinkable choices*, Carol Stream, Ill, SaltRiver, 2010.

-Maurice ZUNDEL, *Émerveillement et pauvreté*. Saint Maurice, Suisse, Saint Augustin, 1990.

-Samuel M. ZWEMER, *The Influence of Animism on Islam: An Account of Popular Superstitions*, New York, NY, Macmillan, 1920.

Revues et liens en ligne.

Cahiers de Fanjeaux – 18 -. Islam et Chrétiens du midi (XII - XIV e) siècles. Edouard Privat, 1983.

Catholic Encyclopedia, newadvent.org

Bible Crampon en ligne : *http://jesusmarie.free.fr/bible_crampon_plan.html*

Ibn Khaldoun : Prolégomènes, 3e partie, éd. Quatremère, trad. M. De Slane.

Hadithsenligne,www.*usc.edu/dept/MSA/fundamentals/*hadithsunnah/muslim/004.smt.html#004.1032

Charles-Emmanuel DUFOURCQ, en ligne :

http://www.archive.org/stream/LaVieQuotidienneDansLeuropeMedievale.pdf/LaVieQuotidienneDansLeuropeMedievale_djvu.txt

Ana Belén SOAGE, "*An Egyptian Dissident's Fate: Faraj Fawda and the Cost of Free Speech*", Middle East Review of International Affairs 11(2) (June 2007).